农民实用知识读本

农村商品收购注意事项

王稳 主编

中国财政经济出版社

图书在版编目（CIP）数据

农村商品收购注意事项／王稳主编. —北京：中国财政经济出版社，2009.7

（农民实用知识读本）

ISBN 978－7－5095－1735－2

Ⅰ. 农… Ⅱ. 王… Ⅲ. 农产品－收购－基本知识－中国 Ⅳ. F323.7

中国版本图书馆 CIP 数据核字（2009）第 125030 号

责任编辑：李玲兰　　责任校对：徐艳丽

封面设计：陈　瑶　　版式设计：兰　波

中国财政经济出版社出版

URL：http：//www.cfeph.cn

E－mail：cfeph@cfeph.cn

社址：北京市海淀区阜成路甲 28 号　邮政编码：100142

发行处电话：88190406　财经书店电话：64033436

北京财经印刷厂印刷　各地新华书店经销

850×1168毫米　32 开　4.375印张　100 000 字

2010年 11 月第 1版　2010 年 11月北京第 1次印刷

印数：1—2 000　定价：15.00 元

ISBN 978－7－5095－1735－2/F·1472

（图书出现印装问题，本社负责调换）

本社质量投诉电话：010－88190744

农村商品收购注意事项

总 策 划　　胡东华

主　　编　　王　稳

编写人员　　贺小艳　康建明　吕　飞

　　　　　　谢检平　闵　稳

前　言

农产品收购指有计划的购买农产品的经济活动。早期的农产品收购制度带有义务缴售的性质，数量固定，价格偏低。

1979年以后，我国开始了对农产品收购体制的改革，包括减少统、派购的数量和品种，提高收购价格和开放农村集市贸易等。

1985年起，我国将粮食、棉花、油料的统购制改为合同定购。生猪、水产品和大、中城市的蔬菜、水果，实行自由贸易，价格随行就市。除个别品种外，农产品运销已可多渠道直接流通，有关的经营、加工和消费单位与生产者之间可直接签订收购或销售合同。

由于农村多有离集贸市场远，交通、运输不便等问题，所以，目前我国有一大部分农产品的外销，依靠收购商直接上门收购，一些返乡青年农民所了解的农产品知识明显与收购商的质量标准和要求不一样，往往造成压价、或者压仓等不良后果。

本书针对农户与收购商需要共同了解的销售知识，以收购质量与合法合规性为重点，搭建农产品收购、外销桥梁。

编　者

于中国农业大学

目　录

第一章
我国农产品收购及分布概况

农村商品收购分为市场收购与国家收购。

市场收购即商业企业随市场供求的变化和自主经营的需要，在国家计划之外向农民预购或随时收购。

国家收购是指国家有计划地购买农产品的经济活动，可分为强制性（指令性）收购和协商性（指导性）收购。

强制性收购是以国家政权的力量对经济进行干预，强制生产者必须把全部商品产品或按国家规定的收购任务把产品卖给国家指定的国营商业企业或接受委托的其他商业企业。

协商性收购则是在国家计划的指导下，依靠经济杠杆的调节，在产销双方协商的基础上，通过合同方式把农产品的收购（农民的出售）纳入国家计划。

对于广大农民而言，不论是市场收购还是国家收购都对于改善农民生活，促进农村经济发展等方面具有特殊意义。

我国早期的农产品收购制度带有义务交售的性质，数量固定，价格偏低。改革开放后，随着经济条件的变化，农产品收购向市场化转移，出现了不同的市场收购和形式。这改善了农村一直以来“卖也难”、“买也难”的商品流通问题。

我国在1953年就已经开始实行农产品的自由贸易。政府通过国营商业和供销社从市场上收购大约60%以上的农产品，小部分农产品由私营商业收购和销售。

1953年11月，政府颁布了《关于实行粮食的计划收购和计划供应的命令》和《粮食市场管理暂行办法》，开始对粮食实行有计划的统一收购和统一供应，也就是民间俗称的“统购、统销”。

1961年以后，政府将农产品分为3大类，出现了统购、派购和议购3种形式：

第1类实行统购的，主要是粮食、棉花和油料，由国家下达统一的收购任务，由有关商业部门收购。这类农产品在生产单位完成交售任务之前不准上市。

第2类实行派购的，如麻、烟、茶、生猪等，也由各级政府向生产单位分派交售数量。交售后的多余部分才能上市。

第3类，是第1、2类以外的农产品，由国营商业部门和供销合作社与农民直接议定收购的价格和数量，实行议购，同时允许自由上市。

在农业生产不发达、农产品供应比较紧张的情况下，统购、派购和统销对于保证农产品的供应和社会主义工业化资金的积累曾经起过重要作用。但是，这种方式限制了农民安排生产和出售农产品的自主权，偏低的统购、派购价格更使农民的生产积极性受到影响。

1979年以后，我国开始对农产品的收购体制实行改革，包括减少统、派购的数量和品种，提高收购价格和开放农村集市贸易等。

1985年，国家将粮食、棉花、油料的统购制改为合同定购，生猪、水产品和大、中城市的蔬菜、水果，实行自由贸易，价格随行就市。

经过长时间的探索，我国农村商品收购工作得到良好改革。除个别品种外，农产品运销已可多渠道直接流通，有关的经营、加工和消费单位与生产者之间可直接签订收购或销售合同。国家采用正确的收购方式，密切了农商关系，促进了农业生产的发展，保证了农村商品流通的顺利进行。

虽然社会主义制度决定我国一些主要农产品收购方式必须以计划收购为主，比如对粮食的保护性收购。计划收购的比重、范围以及计划收购中强制性收购的范围和程度，是由一国的生产力水平和农产品社会产销、市场供求的局势所决定的。

如果社会生产不能适应消费，产品供不应求的局势长期明显存在，国家收购方式就容易以强制收购为主，并且市场收购也会受到严格限制。

对不同农产品的收购方式的选择，由农产品在国民经济中的重要程度而定。一般说来，纳入国家计划收购的大多是重要的农产品，实行强制性收购的是重要商品中关系国计民生的农产品。

随着商品供求状况的变化，各类商品可以在市场收购和国家收购之间、强制性收购和协商性收购之间调整。但就整个农产品收购方式来说，在产销、供求关系正常的情况下，以协商收购为主、允许有适当范围的非计划收购的收购方式应是合理的收购方式。

农产品收购对农民家庭收入状况影响很大。协商收购方式能够尊重生产者出售和商业企业收购产品的自由，兼顾国家和农民的利益，能够较好地处理社会和个人之间的矛盾，有利于加强农业生产的计划化。

国家不论采取哪种收购方式，对农村商品生产与流通情况的掌握都是不能缺少的。我国幅员辽阔，地大物博，在不同气候、环境等因素影响下，各省、市（地区）农产品分布均有侧重。以下针对主要农产品分布的基本情况予以介绍。

第一节 农作物分布

1. 北京市：北京市主要农作物有稻、小麦、玉米、棉花、大豆、油菜、马铃薯、西瓜、大白菜等。

2. 天津市：天津市主要农作物有稻、小麦、玉米、棉花、大豆、油菜、马铃薯、西瓜等。

3. 上海市：上海市主要农作物有稻、小麦、玉米、棉花、大豆、油菜、马铃薯等。

4. 重庆市：重庆主要农作物有稻、小麦、玉米、棉花、大豆、油菜、马铃薯、茎用芥菜、柑桔等。

5. 山西省：山西省主要农作物有稻、小麦、玉米、棉花、大豆、油菜、马铃薯、向日葵、西瓜等。

6. 山东省：山东省主要农作物有稻、小麦、玉米、棉花、大豆、油菜、马铃薯、花生、大白菜等。

7. 福建省：福建省主要农作物有稻、小麦、玉米、棉花、大豆、油菜、马铃薯、甘薯、茶叶等。

8. 广西壮族自治区：广西主要农作物有稻、小麦、玉米、棉花、大豆、油菜、马铃薯、甘蔗、西瓜等。

9. 陕西省：陕西省主要农作物有稻、小麦、玉米、棉花、大豆、油菜、马铃薯、向日葵（包括油葵、食葵）等。

10. 湖北省：湖北省主要农作物有水稻、小麦、玉米、棉花、大豆、油菜、马铃薯、西瓜、花生等。

11. 河北省：河北省主要农作物有稻、小麦、玉米、棉花、大豆、油菜、马铃薯等。

12. 浙江省：浙江省主要农作物有稻、小麦、玉米、棉花、大豆、油菜、马铃薯、西瓜等。

13. 黑龙江省：黑龙江省主要农作物有稻、小麦、玉米、棉花、大豆、油菜、马铃薯、甜菜等。

14. 江苏省：江苏省主要农作物有稻、小麦、玉米、棉花、大豆、油菜、马铃薯、西瓜、辣椒等。

15. 河南省：河南省主要农作物有稻、小麦、玉米、棉花、大豆、油菜、马铃薯、西瓜、花生等。

16. 青海省：青海省主要农作物有稻、小麦、玉米、棉花、大豆、油菜、马铃薯等。

17. 广东省：广东省主要农作物有稻、小麦、玉米、棉花、大豆、油菜、马铃薯、花生、甘蔗等。

18. 辽宁省：辽宁省主要农作物有稻、小麦、玉米、棉花、大豆、油菜、马铃薯、高粱等。

19. 云南省：云南省主要农作物有稻、小麦、玉米、棉花、大豆、油菜、马铃薯、蚕豆、甘蔗等。

20. 海南省：海南省主要农作物有稻、小麦、玉米、棉花、大豆、油菜、马铃薯、香蕉等。

21. 湖南省：湖南省主要农作物有稻、小麦、玉米、棉花、大豆、油菜、马铃薯、西瓜、辣椒等。

22. 江西省：江西省主要农作物有稻、小麦、玉米、棉花、大豆、油菜、马铃薯、西瓜、辣椒等。

23. 贵州省：贵州省主要农作物有稻、小麦、玉米、棉花、大豆、油菜、马铃薯等。

24. 吉林省：吉林省主要农作物有稻、小麦、玉米、棉花、大豆、油菜、马铃薯等。

25. 甘肃省：甘肃省主要农作物有稻、小麦、玉米、棉花、大豆、油菜、马铃薯等。

26. 四川省：四川省主要农作物有稻、小麦、玉米、棉花、大豆、油菜、马铃薯等。

27. 安徽省：安徽省主要农作物有稻、小麦、玉米、棉花、大豆、油菜、马铃薯等。

28. 宁夏回族自治区：宁夏主要农作物有稻、小麦、玉米、棉花、大豆、油菜、马铃薯、胡麻、豌豆等。

29. 西藏自治区：西藏主要农作物有稻、小麦、玉米、棉花、大豆、油菜、马铃薯等。

30. 新疆维吾尔自治区：新疆主要农作物有稻、小麦、玉米、棉花、大豆、油菜、马铃薯、西瓜、甜瓜、向日葵、甜菜等。

31. 内蒙古自治区：内蒙古主要农作物有稻、小麦、玉米、大豆、油菜、马铃薯、向日葵、高粱、甜菜等。

第二节 水产品分布

一、海水渔产品

海洋水产业就是对海洋中的鱼类、虾蟹类、贝类、藻类和海兽类等水产资源进行人工繁殖、合理捕捞和加工利用的生产事业。它包括了海洋捕捞业和海洋养殖业。目前我国以海洋捕捞业为主。我国海洋水产品中，鱼类产量最大，约占3/4。

（一）渤海海区渔场

渤海位于我国北部，南北西三面被陆地环抱，是个内海。东南以渤海海峡与黄海相连，总面积7.7万多平方千米，平均水深18米，有辽东湾、渤海湾和莱州湾三个大海湾，有辽河、滦河、海河和黄河流入，带来大量泥沙和有机物质，使沿海浮游生物丰富，天然饵料多，成为鱼类的天然产卵场所和重要渔场。有常见鱼类70多种，加上虾、蟹、贝、藻类，共计170多种。主要水产有小黄鱼、带鱼、鳓鱼、对虾、毛虾及海蟹等。渤海水浅坡度缓，发展养殖业潜力很大，但因捕捞过于集中及污染等原因，资源日见衰退。

（二）黄海海区渔场

黄海位于长江口北角至济州岛西角一线以北，渤海以东海域，面积为渤海的5倍，平均水深44米，全部属浅海大陆架。有各种鱼类200多种，是我国唯一有冷水性鳕鱼分布的海区。主要经济鱼类有大小黄鱼、带鱼、乌贼、鳕鱼、鱿、鳓等。黄海水产资源也有衰退趋势，现已采取措施，禁止滥捕，保护资源。

（三）东海海区渔场

东海包括广东省南澳岛至台南鹅銮鼻一线以北、黄海以南的广大海域。面积相当于黄海的2倍。地处亚热带，为热带、温带过渡地区，因而南北鱼类兼而有之，以温带性种类为主，有各类鱼种700多种，东海海区是我国最大的海洋渔业产区，主产全国四大经济鱼类即带鱼、大黄鱼、小黄鱼、墨鱼，已建有上海、舟山、宁波、镇江、温州、镇海、马尾和厦门等重要渔港。其中浙江的舟山渔场是全国最大的海洋渔业基地，商品鱼数量约占全国1/2。

（四）南海海区渔场

南海面积为东海的3倍多，四周较浅，中间深陷，是一个深海盆地，海域十分辽阔，是我国海洋水产的第二大产区。鱼类种类众多，经济价值较高的有兰园参、沙丁鱼、海蛇等，还盛产金枪鱼、鲨鱼等大洋性鱼类，海龟、海参、玳瑁等是南海的特产。

二、淡水渔产品

我国是淡水鱼类资源最丰富的国家之一。全国有 709 种和 58 个亚种不入海的纯淡水鱼，64 种洄游性淡水鱼。其中鲤科鱼类最多，约占 1/2；鲇和鳅科次之，约占 1/4；其他科的种类占 1/4。它们半数以上是我国特有种，多数具有经济价值，有的还有重要的科学研究价值。在众多的经济鱼类中，主要的有 60 多种，如中华鲟、白鲟、裸腹鲟、鲤、胭脂鱼、鲤、鲫、青鱼、草鱼、鲢、鳙、团头鲂、鲮鱼、翘嘴红鲌、蒙古红鲌、圆口铜、青海湖裸鲤、黄鳝、鲥鱼、鲈鱼、鳜鱼、大马哈鱼等。它们大多不仅成熟期短（多在 2～4 年成熟）、产卵多，而且生长快、产量高。其中的中华鲟、白鲟和胭脂鱼还是我国的珍稀鱼类。中华鲟为我国所独有，它是一种大型鱼类，在其主要产区四川有“千斤腊子（中华鲟）万斤象（白鲟）”的渔谚。其肉与卵均为席上佳肴，尤以鱼卵制成的鱼子酱最为珍品，此外，在研究鱼类演化方面它也有一定的学术价值。

我国主要经济鱼类适应性强，分布广，如鲤、鲫、鲢、鳙、草鱼、黄鳝等，几乎全国各地都有，利用价值较高。

由于我国各地自然环境的差异，各地的鱼类区系组成也有一定的差异。产鱼地区划分如下：

西北高原区：包括新疆、西藏北部、内蒙、青海、甘肃、陕西、山西等地。

怒澜区：包括西藏南部、四川、云南西部怒江、澜沧江、金沙江、雅鲁藏布江流域地区。

东南区：包括广东、广西、云南、贵州、福建、台湾和海南岛等地。这些地区主要生长喜暖性鱼类，品种繁多。代表鱼类有鲮鱼、卷口鱼、中华鲅鱼、东坡鱼、花鳅鱼、腊光长鳅、沙鳅、扁头平鳅、爬岩鳅、平鳍鳅、小吻鱼、长鳍鳍鲇、胡子鲇、鳗鲡、黄鳝、斗鱼、攀鲈等。主要养殖鱼类为青、草、鲢、鳙、鲮、胡子鲇、罗非鱼等南方品种。

江河平原区：包括长江中下游、黄河下游及辽河下游。江河流域有众多的湖泊，是我国淡水鱼类的主产区，以天然水产鱼类众多而盛名，有青、草、鲢、鳙、鲤、鲫、鲇、鳊、鳡、团头鲂、乌鲡、鳗鲡等。太湖的银鱼、长江的的鲟鱼、鲥鱼、鲚鱼产量很大。养殖的鱼种有青、草、鲢、鳙、鲤、鲫、团头鲂、罗非鱼以及一些鲤鱼的杂交品种。

北部区：这里主产冷水鱼类，盛产鲟鱼属、狗鱼属、哲罗鲑属等鱼类，如大马哈鱼、狗鱼、香鱼、雪鱼、拟赤捎鱼、八目鳗等是这里的特有而具代表性的鱼类。

人工养殖除青、草、鲢、鳙、鲤、鲫和团头鲂，还饲养红鳟鱼。

按照鱼类生态环境和鱼种的差异，全国被划分为六大鱼区。

（一）东北渔区

鱼类耐寒性强，以冷水性鱼类为主，共100余种。有代表性的是鲑鱼类，包括哲罗鱼、细鳞鱼、乌苏里鲑及马哈鱼，还有江鳕鱼等。

（二）华北渔区

主要包括黄河中下游、辽河、海河等水域。本区径流量小，湖泊水面少，河流含沙量大，不利于鱼类生活，鱼种少，以温水性鱼类为主。主要有鲤、鲫、鳇、赤眼鳟、红鲌鱼、中华细鳊、鲇等。

（三）华中渔区

主要属长江流域。这里河网密布，湖泊众多，水温较高，饵料丰富，鱼种多达260余种，以温水静水性鱼类为主。主要有鲍、鳊、鲴、鲢、青、草、鲚、鲥、香、银等鱼类，还有中华鲟等。

（四）华南渔区

包括浙闽东部、台湾、粤桂南部、滇南。该区发育了南方型的暖水性鱼系，鱼种丰富。主要有鲮、鲇、鲍、鳊、鳃、青、草、鲥等鱼类。

（五）宁蒙渔区

主要包括内蒙古高原内陆水域和河套地区的水域，是一个与周围联系很少的淡水鱼区。该区种类贫乏，主要有鲤、鲫、麦穗鱼、铜鱼、赤眼鳟等。

（六）华西渔区

包括新、青、藏、甘的全部和川西、滇北地区。区内大部分地区地势高耸，气候寒冷干燥。鱼类以冷水底栖型的裂腹亚科和条鳅亚科为主。

第三节 “家禽、畜饲养”概况

我国是世界上家养动物品种和类群最丰富的国家之一。早在20世纪80年代中国农业科学院组织全国百家禽品种资源普查，于1986年公布的品种和类群有596个。据近几年来有关专著和报道，包括特种经济动物和家养昆虫在内，现有的品种和类群有2222个，其中马66个，驴22个，牛73个，水牛20个，牦牛5个，绵羊79个，山羊48个，猪113个，鸡109个，鸭35个，鹅21个，火鸡3个，鸽4个，兔14个，骆驼7个，犬9个，鹿7个，麝5个，黑熊5个，雉鸡3个，其他如小灵猫、紫貂、水貂、银狐、北极狐、貉、海狸鼠、麝鼠各1个。家养昆虫中，蚕1270个，蜂16个，金鱼280多个。但我国农村目前普遍饲养的动物品种主要有鸡、鸭、鹅、猪、牛。

（一）鸡

鸡是我国农村饲养的最普通的一种家禽。一般人家都养上10~20只，少的养6~7只。多放养于房前屋后或田头野外，让其自然觅食，以节约粮食、饲料，管理异常粗放。但也因鸡群杂处易于感染疫病。所养绝大部分为本地品种。

鸡的品种主要有杭、芦花、澳洲黑、络岛红、九斤黄、火鸡、乌骨鸡等优良国内外品种鸡进行试养和推广。

自20世纪80年代开始，养鸡专业户兴起，养鸡规模逐渐扩大，饲养者正逐步采取科学的饲养管理方法，提供鸡群适宜的生长生活环境，科学地进行防疫防病，根据鸡群各个生长时期不同营养需要，定时定量地饲喂相应的配合饲料等，使其在短期内生产出较多的肉、蛋产品。

火鸡、乌骨鸡、珍珠鸡、鹌鹑等近年来亦有人引进饲养，但数量不多。

（二）鸭

我国的鸭养殖业仅次于鸡，品种有山麻鸭、番鸭、半番鸭三种。山麻鸭在放养条件下，年均产蛋250枚左右，高产的曾有300枚以上，是品质优良的蛋用品种。番鸭以其肉质细嫩鲜美著称，是我国优良的禽肉品种。因其抗病力较差，20世纪70年代以前只有少数人家小量饲养。20世纪80年代以后，由于家禽防疫全面推广，饲养者越来越多，饲养规模越来越大。农村中饲养几十只或百只以上的已为数不少。

（三）鹅

我国本地鹅有灰、白两种，饲养量不多。20世纪60年代有的地方曾引进狮头鹅150只，试养情况良好。由于我国大部分地区无食鹅肉习惯，且鹅食量大，放牧时常损害庄稼，一般农户都不愿饲养。

（四）猪

猪在我国的饲养有近万年的历史，在地理上分为华北、华南、华中、江淮、西南和高原六大类别，有培育品种和引入品种，共113个。

猪是我国农村饲养最普遍的一种家畜，猪肉也是我国食用量最大的肉类。

中国猪肉质鲜嫩，其多仔性状好，为全球关注。太湖猪为最突出者。别的性状如微小性，抗蚊蚋，优质猪鬃，适应高原，宜火腿加工等，各有代表品种，如五指山猪、荣昌猪、内江猪、藏猪、金华猪等。

（五）牛

我国是一个养殖肉牛的大国，品种资源非常丰富，主养黄牛、水牛，高原上多养牦牛。

我国的肉牛市场上，比较走俏的地方肉牛主要是黄牛品种。譬如秦川牛，其毛为紫红色，性情温顺、体格高大，前躯发达，具有遗传性能稳定、适应性强的优点，日增重率、屠宰率等各项生理指标均居我国黄牛之首。鲁西黄牛也是近年来被养殖户看好的肉牛品种。这种牛身体高大，不仅适合于农区作业，而且肉质也不错，同时它的繁殖率也比较高。一般情况下，一头母牛一年能产下一犊。

除了以上所提到的黄牛外，我国肉牛市场上比较走俏的地方肉牛品种还有：产于山西的晋南牛；产于河南的南阳牛等等。和进口肉牛相比，我国地方肉牛容易管理，耐粗饲料，肉的风味也比较好。但专家指出，采用这些地方品种直接育肥是不合适的，最好还是养地方肉牛跟进口肉牛杂交的牛。

近几十年来，我国肉牛市场上最为走俏的进口品种是西门塔尔。西门塔尔最主要的特点是生长速度快，一周岁牛的体重可以达到450公斤左右，深受养牛专业户的青睐。

（六）羊

我国羊的品种主要有三大类：绵羊、山羊、黄羊。

我国养羊业的发展趋势是：

1. 以毛为主逐渐转向以肉为主。

目前，肉羊饲养正在我国迅速扩展。这是羊肉本身营养价值和人们的消费理念变化的一种反映。

2. 羊肉在我国消费肉类中的比重。

羊肉一直是我国人民喜欢的一种肉食，尤其北方少数民族长期以来以羊肉为主要食品。近年来，随着人民生活水平的改善和饮食理念的更加科学化，羊肉也越来越受到我国大多数人民的喜爱。

近几年来，我国总产肉量中羊肉的产量逐年上升，人均占有量也逐渐提高，但羊肉的人均占有量只有2千克多。因此，从市场的前景来看，养羊业前景广阔。

第二章
农产品的收购

第一节　稻米、棉花收购检验

一、稻米的质量检验

（一）好米

从外观上看，硬度高、水分低的大米，其蛋白质含量高，是可以放心购买的好大米。一般情况下，新米比陈米硬、晚米比早米硬。此外，选购大米时还必须注意观察米的颜色——米粒发黄的大米主要是由于米中某些营养成分或是微生物在一定条件下发生了化学反应，受此影响，大米的香味、食味和口感都很差。

（二）陈米

米粒表面呈灰色，或有白道沟纹，这样的米一定是陈米。米粒的硬度低，并伴有异味，则基本可以判定是霉变的大米。

（三）识别以次充好的大米

1. 大米中掺白石——这种做假手法的目的，是为了增加大米的重量。识别方法是：察看大米中的沙砾，原有的沙砾没有棱角、比较圆润，而新掺入的沙砾则棱角分明。

2. 好稻米中掺籼米——经过加工的籼米是碎小的米粒，比较容易辨别。识别方法是：抓一把米在手里摊开，如发现其中有碎、小的米粒，则可以判定是掺假的米。

3. 粳米冒充好稻米——做假手法通常是：将绿、白两种颜色混合后拌入粳米中，使粳米颜色发青，并且表面光洁，形似稻米。识别方法是：没有上色的粳米颜色发白，用手摸会沾上米糠面；上过色的粳米用手摸会有光滑感，不会粘上米糠面。

二、棉花的质量检验

（一）掺混陈旧漂白棉

陈旧破烂棉花（即所谓古棉），经漂白加工后掺入正常棉花中以假乱真。对其鉴别应注意三点：

1. 颜色

正常棉的白色自然，漂白旧棉的白色失真。

2. 光泽

正常棉纤维外表有蜡质层自然光泽，漂白旧棉无光泽。

3. 弹性

正常棉手抓弹性好，漂白旧棉花弹性差。

（二）掺混再生棉

再生棉是棉纺厂的下脚料、棉布头等物，是经刀剁、梳棉等手段再生的棉花，鉴别时亦应采用对比方法：

1. 看外观。再生棉呈现絮棉状，纤维舒畅但长短差别很大，与正常棉纤维外观自然状态不同。

2. 再生棉用手拉扯时，棉束中有长纤维，这是掺入的再生化学纤维。其强度大，不易扯断。

3. 将棉花放在紫外线下观察，如有黄、蓝等多种颜色，则是再生棉中的化学纤维所产生的，正常棉花无此颜色。

（三）掺混棉短绒

注意四点：

1. 外观。掺混棉短绒的棉花小棉结（白星）多，纤维粗细不一，且杂质多。

2. 颜色。正常棉纤维颜色洁白，与棉短绒的白色有区别。

3. 弹性。掺入棉短绒后的棉花弹性变差。

4. 手扯棉束，成束前的纤维层明显变短，与正常棉纤维不一致。

（四）高级棉中喷洒猪大油和滑石粉的鉴别

1. 闻气味。这种掺假棉花有猪油异味甚至臭腥味。

2. 看颜色。棉花颜色白中带淡红色，无光泽。

3. 揉搓。两手掌用力揉搓棉花，手上会沾着白粉，结块的滑石粉会掉落下来。

（五）低级棉中喷柴油并撒石粉或沙土的鉴别

其方法与第4条基本一样，只是这种掺假棉的气味和颜色不同。

第二节　小麦、杂粮收购检验

一、小麦收购质量检验

（一）色泽

进行小麦色泽的鉴别时，可取样品在黑纸上撒一薄层，在散射光下观察。

1. 良质小麦：去壳后小麦皮色呈白色、黄白色、金黄色、红色、深红色、红褐色，有光泽。

2. 次质小麦：色泽变暗，无光泽。

3. 劣质小麦：色泽灰暗或呈灰白色，胚芽发红，带红斑，无光泽。

（二）外观

进行小麦外观的鉴别时，仔细观察其外观，并注意有无杂质。最后取样用手搓或牙咬，来感知其质地是否紧密。

良质小麦——颗粒饱满、完整、大小均匀，组织紧密，无害虫和杂质。

次质小麦：颗粒饱满度差，有少量破损粒，生芽粒、虫蚀粒，有杂质。

劣质小麦：严重虫蚀，生芽，发霉结块，有多量赤霉病粒（被赤霉苗感染，麦粒皱缩，呆白，胚芽发红或带红斑，或有明显的粉红色霉状物，质地疏松。

（三）气味

进行小麦气味的感官鉴别时，取样品于手掌上，用嘴哈热气，然后立即嗅其气味。

1. 良质小麦：具有小麦正常的气味，无任何其他异味。

2. 次质小麦：微有异味。

3. 劣质小麦：有霉味、酸臭味或其他不良气味。

（四）滋味

进行小麦滋味的鉴别时，可取少许样品进行咀嚼品尝其滋味。

1. 良质小麦：味佳微甜，无异味。

2. 次质小麦：乏味或微有异味。

3. 劣质小麦：有苦味、酸味或其他不良滋味。

二、玉米的质量检验

（一）外观

进行玉米外观的鉴别时，可取样品在纸上撒一层，在散射光下观察，并注意有无杂质，最后取样品用牙咬观察质地是否紧密。

1. 良质玉米：颗粒饱满完整，均匀一致，质地紧密，无杂质。

2. 次质玉米：颗粒饱满度差，有破损粒，生芽粒、虫蚀粒，未熟粒等，有杂质。

3. 劣质玉米：有多量生芽粒，虫蚀粒，或发霉变质、质地疏松。

（二）滋味

进行玉米滋味的鉴别时，可取样品进行咀嚼品尝其滋味。

1. 良质玉米：具有玉米的固有滋味，微甜。

2. 次质玉米：微有异味。

3. 劣质玉米：有酸味、苦味、辛辣味等不良滋味。

（三）色泽

进行玉米色泽的鉴别时，可取玉米样品在散射光下进行观察。

1. 良质玉米：具有各种玉米的正常颜色，色泽鲜艳，有光泽。

2. 次质玉米：颜色发暗，无光泽。

3. 劣质玉米：颜色灰暗无光泽，胚部有黄色或绿色，黑色的菌丝。

（四）气味

进行玉米气味的鉴别时，可取样品于手掌中，用嘴哈热气立即嗅其气味。

1. 良质玉米：具有玉米固有的气味，无任何其他异味。

2. 次质玉米：微有异味。

3. 劣质玉米：有霉味、腐败变质味或其他不良异味。

三、大豆的质量检验

(一) 色泽

鉴别大豆时，可取样品直接观察其皮色或脐色。

1. 良质大豆——皮色呈各种大豆固有的颜色，光彩油亮，洁净而有光泽。脐色呈黄白色或淡褐色。

2. 次质大豆——皮色灰暗无光泽。脐色呈褐色或深褐色。

3. 劣质大豆——皮色黑暗。

(二) 组织状态

1. 良质大豆：颗粒饱满、整齐均匀，无未成熟粒和虫蛀粒，无杂质，无霉变。

2. 次质大豆：颗粒大小不均，有未成熟粒、虫蛀粒，有杂质。

(三) 含水量

大豆含水量的感官鉴别主要是应用齿碎法，而且要根据不同季节而定，水分相同而季节不同，齿碎的感觉也不同。

1. 冬季：水分在12%以下时，齿碎后可呈4~5块，水分在12%~13%时，虽然能破碎，但不能碎成多块，水分在14%~15%左右时，齿碎后豆粒不破碎而形成肩状，豆粒四周裂成许多小口，牙齿的痕迹会留在豆粒上，豆粒被牙齿咬过的部分出现透明现象。

2. 夏季：水分在12%以下时，豆粒能齿碎并发出响声，水分在12%以上时，齿碎时不易破碎面且没有响声。

良质大豆：水分在12%以下。

次质大豆：水分在12%以上。

四、小米的质量检验

优质小米米粒大小、颜色均匀，呈乳白色、黄色或金黄色，有光泽，很少有碎米，无虫，无杂质，闻起来具有正常的清香味，无其他异味，手摸有凉爽感，尝起来味佳，微甜，无任何异味。常见的次质、劣质小米主要是陈小米经过筛、染色等处理，米粒大小、颜色不均匀，没有光泽，手摸有涩感。严重变质小米，手捻易成粉状或易碎，碎米多；闻起来微有异味或有霉变气味、酸臭味、腐败味和不正常的气味；尝起来无味、微有苦味、涩味及其他不良滋味。

市场上可能有些商贩为了掩盖轻度发霉的小米，采用先将小米漂洗，然后加少量姜黄等黄色素染色。鉴别时可取少量待测小米放于软白纸上，用嘴哈气使其润湿，然后用纸捻搓小米数次，观察纸上是否有轻微的黄色，如有黄色，说明待测小米中染有黄色素。另外，也可将少量样品加水润湿，观察水的颜色变化，如有轻微的黄色，说明掺有黄色素。

五、高粱的质量检验

（一）色泽

进行高粱色泽的感官鉴别时，可取样品在黑纸上撒一薄层，并在散射光下进行观察。

1. 良质高粱：具有该品种应有的色泽。

2. 次质高粱：色泽暗淡。

3. 劣质高粱：色泽灰暗或呈棕褐色、黑色，胚部呈灰色、绿色或黑色。

（二）外观

进行高粱外观的感官鉴别时，可取样品在白纸上撒一薄层，借散射光进行观察，并注意有无杂质，最后用牙咬籽粒，观察质地。

1. 良质高粱：颗粒饱满、完整，均匀一致，质地紧密，无杂质，虫害和霉变。

2. 次质高粱：颗粒皱缩不饱满，质地疏松，有虫蚀粒、生芽粒、破损粒，有杂质。

3. 劣质高溧：有大量的虫蚀粒、生芽粒、发霉变质粒。

（三）气味

进行高粱气味的感官鉴别时，可取高粱样品于手掌中，用嘴哈热气，然后立即嗅其气味。

1. 良质高粱：具有高粱固有的气味，无任何其他的不良气味。

2. 次质高粱：微有异味。

3. 劣质高粱：有霉味、酒味、腐败变质味及其他异味。

（四）滋味

进行高粱滋味的鉴别时，可取少许样品，用嘴咀嚼，品尝其滋味。

1. 良质高粱：具有高粱特有的滋味，味微甜。

2. 次质高粱：乏而无味或微有异味。

3. 劣质高粱：有苦味、涩味、辛辣味、酸味及其他不良滋味。

第三节 油料、经济作物收购检验

一、花生的质量检验

（一）色泽

鉴别花生的色泽时，可先对整个样品进行观察，然后剥去果荚再观察果仁。

1. 良质花生：果荚呈土黄色或白色，果仁呈各不同品种所特有的颜色。色泽分布均匀一致。

2. 次质花生：果荚颜色灰暗，果仁颜色变深。

3. 劣质花生：果荚灰暗或暗黑，果仁呈紫红色、棕褐色或黑褐色。

（二）组织状态

鉴别花生的组织状态时，先看样品外观，然后剥去果荚观察果仁，最后掰开果仁观看子叶形态。

1. 良质花生：带荚花生和去荚果仁均颗粒饱满、形态完整、大小均匀，子叶肥厚而有光泽，无杂质。

2. 次质花生：颗粒不饱满、大小不均匀或有未成熟粒（果仁皱缩，体积小于正常完善粒的1/2或重量小于正常完善粒的1/2的颗粒），破碎粒、虫蚀粒、生芽粒等。子叶瘠瘦，有杂质。

3. 劣质花生：花生发霉，严重虫蚀，有大量的冻伤粒（籽粒变软，色泽变暗，食味变劣的颗粒）、热伤粒（果仁种皮变色，子叶由乳白色变为透明如蜡状，含有哈喇味的颗粒）。

（三）气味

鉴别花生的气味就是将花生剥去果荚后嗅其气味。

1. 良质花生：具有花生特有的气味。

2. 次质花生：花生特有的气味平淡或略有异味。

3. 劣质花生：有霉味、哈喇味等不良气味。

（四）滋味

鉴别花生的滋味时，应取花生剥去果皮后用牙齿咀嚼、细品。

1. 良质花生：具有花生纯正的香味，无任何异味。

2. 次质花生：花生固有的味道淡薄。

3. 劣质花生：有油脂酸败味、辣味、苦涩味及其他令人不愉快的滋味。

二、油菜种子的质量检验

（一）水分

水分在9%以下的油菜种子，用手抓籽粒一般握不住，有光滑感，用嘴咬有破碎声，种皮与胚易分开。

（二）净度

首先从外观看，有没有石子、土块等杂质，如果杂质多，则净度低，反之则高。其次是将手插进种子堆内，待手抽出后看有没有灰尘和杂质。如果没有，一般种子净度高于97%。

（三）发芽率

准备好直径9厘米的培养皿或小盘，将吸水纸（或卫生纸）剪成相应的小圆片，然后用冷开水浸泡湿润后放置于培养皿或小盘内，在常温下（25℃）4天内即可观察种子的发芽情况。一般常规良种发芽率不得低于90%。

三、芝麻的质量检验

（一）色泽

将芝麻样品在白纸上撒一薄层进行观察。

1. 良质芝麻：色泽鲜亮而纯净。

2. 次质芝麻：色泽发暗。

3. 劣质芝麻：色泽昏暗发乌呈棕黑色。

（二）组织状态

进行芝麻组织状态的感官鉴别时，可取样品在白纸上撒一薄层，仔细观察。同时应查看杂质的性质及含量。进行杂质检查时，可用手抓一把芝麻，稍稍松手让其自然慢慢滑落，看一看留在手中的泥砂、碎粒、花尖等杂质，并估计其大致含量，或者用手插入包装的底层，抓出少量芝麻，采用播吹籽粒的方式，也能看出所含泥土的多少。

1. 良质芝麻：籽粒大而饱满，皮薄，嘴尖而小，籽粒呈白色，一般性杂质不超过2.0%。

2. 次质芝麻：籽粒不饱满或萎缩，且秕粒多，嘴尖过长，有虫蚀粒、破损粒，泥土砂子等杂质含量超过2.0%。

3. 劣质芝麻：发霉或腐败变质的籽粒较多。

（三）含水量

芝麻水分含量在现行粮食标准中规定为不超过8%。进行芝麻水分含量的感官鉴别时，可用手抓一大把芝麻，用力握紧，使大部分籽粒从手缝中漏出去，松手看留在手中的部分，若籽粒分散，说明水分不大。或用拇指和食指捏起芝麻一搓，有响声但不破者，其水分不超过标准。用手捏起一把芝麻，松手时见已粘成一团，水分则超标。干芝麻手易插入，水分高的则不易插入且插入后手有发热的感觉。另外也可将芝麻由一个容器倒入另一个容器中，若发出“嚓嚓”的响声，说明水分不大，响声发闷，则水分大。

1. 良质芝麻：水分不超过8%。

2. 次质芝麻：水分超过8%。

（四）气味

可取芝麻籽粒直接嗅闻。

1. 良质芝麻：具有芝麻固有的纯正香气。

2. 次质芝麻：芝麻气味平淡。

3. 劣质芝麻：有霉味、哈喇味等不良气味。

（五）滋味

进行芝麻滋味的感官鉴别时，应先漱口，然后取样品进行咀嚼以品尝其滋味。

1. 良质芝麻：具有芝麻固有的滋味。

2. 次质芝麻：芝麻固有的滋味平淡，微有异味。

3. 劣质芝麻：有苦味、腐败味及其他不良滋味。

四、茶叶的质量检验

（一）绿茶

绿茶是外形和内质并重的茶类，尤其是珠茶更重视外形。

1. 汤色

品质好的绿茶，如眉茶、珠茶的汤色清澈黄绿，蒸青绿茶淡黄泛绿、清澈明亮。品质差的绿茶，汤色深黄、暗浊、泛红。

2. 香气

高级绿茶，皆有嫩香持久的特点。屯绿有持久的板栗香，舒绿有浓烈的花香，湿绿有高锐的嫩香。珠茶芳香持久，蒸青绿茶香气鲜嫩，又带有特殊的紫菜香。如果绿茶香气重有青草气、晒气、泥土气、烟焦气或发酵气味的，则品质差。

3. 滋味

品质好的绿茶，如眉茶浓纯鲜爽，珠茶浓厚，回味带甘，蒸青绿茶有良好的新鲜味。品质差的绿茶，滋味淡薄、粗涩，并有老青味和其他杂味。

4. 外形

高级珠茶茶色嫩绿起霜，眉茶条索匀整、重实有峰苗，珠茶颗粒紧结、滚圆如珠的为上品。如果珍眉条索松扁，弯曲、轻飘、色黄，珠茶扁块或松散开口、色黄，这都属于低级产品。蒸青绿茶，外形紧缩重实，大小匀整，芽尖完整，色泽调匀，浓绿发青有光彩者为上品。外形断碎，下盘茶多，色泽发黄、发紫、暗淡的，则品质差。

5. 叶底

明亮、细嫩，厚软的茶品好，如果茶的叶底黄暗、粗老、薄硬者，茶的品质较次，如果是红梗，红叶、靛青色及青菜色的叶底，这种茶叶品质最差。

（二）红茶

有工夫红茶和红碎茶之分，它们的质量鉴别如下：

1. 工夫红茶：质量鉴别有以下几方面：

（1）外形：条索紧细、匀齐的质量好，反之，条索粗松、匀齐度差的，质量次。

（2）色泽：色泽乌润，富有光泽，质量好，反之，色泽不一致，有死灰枯暗的茶叶，则质量次。

（3）香气：香气馥郁的质量好，香气不纯，带有青草气味的，质量次，香气低闷的为劣。

（4）汤色：汤色红艳，在茶杯内茶汤边缘形成金黄圈的为优，汤色欠明的为次，汤色深浊的为劣。

（5）滋味：滋味醇厚的为优，滋味苦涩的为次，滋味粗淡的为劣。

（6）叶底：叶底明亮的，质量好，叶底花青的为次，叶底深暗多乌条的为劣。

2. 红碎茶：红碎茶的品质优劣，特别看重内质的汤味和香气，外形是第二位的。

（1）外形：红碎茶外形要求匀齐一致。碎茶颗粒卷紧，叶茶条索紧直，片茶皱褶而厚实，末茶成砂粒状，体质重实。碎、片、叶、末的规格要分清。碎茶中不含片末茶，片茶中不含末茶，末茶中不含灰末。色泽乌润或带褐红，忌灰枯或泛黄。

（2）滋味：品评红碎茶的滋味，特别强调汤质。汤质是指浓、强、鲜（浓厚、强烈、鲜爽）的程度。浓度是红碎茶的品质基础，鲜、强是红碎茶的品质风格。红碎茶汤要求浓、强、鲜兼备，如果汤质淡、钝、陈，则茶叶的品质次。

（3）香气：高档的红碎茶，香气特别高，具有果香、花香和类似茉莉花的甜香。我国云南的红碎茶，就具有这样的香气。

（4）叶底：叶底的色泽，以红艳明亮为上，暗杂为下，叶底的嫩度，以柔软匀整为上，粗硬花杂为下。红碎茶的叶底着重红亮度，而嫩度相当即可。

（5）汤色：以红艳明亮为上，暗浊为下。红碎茶汤色深浅和明亮度，是茶叶汤质的反映。

国外习惯采用加牛乳审评的方法：每杯茶汤中加入数量约为茶汤的1/10的鲜牛奶，加量过多不利于鉴别汤味。加奶后，汤色以粉红明亮或棕红明亮为好，淡黄微红或淡红的较好，暗褐、淡灰、灰白的为不好。加奶后的汤味，要求仍能尝出明显的茶味，这是茶汤浓的反应。茶汤入口后，两腮立即有明显的刺激性，是茶汤强度的反应，如果只感到明显的奶味，而茶味淡薄，则此茶品质差。

（三）花茶

1. 掂重量：买花茶时，先抓一把茶叶掂掂重量，并仔细观察有无花片、梗子和碎末等。优质花茶较重，而且不应该有梗子、碎末等东西；劣质花茶重量较轻，允许有少量的杂质。

2. 看外形：花茶的外形以条索紧细圆直、色泽乌绿均匀、有光泽的为好；反之，条索粗松扭曲、色泽黄暗的不好，甚至是陈差。

3. 闻味：闻一闻有无其他不应有的异味，然后放在鼻下深嗅一下，辨别花香是否纯正。质量好的花茶香气扑鼻，香气不浓的则没有这种感觉，其质量次之。

（四）新茶与陈茶

春茶、夏茶和秋茶由于茶季不同，采制而成的茶叶，其外形和内质有很明显的差异。对于绿茶而言，春梢芽叶肥壮，色泽翠绿，叶质柔软，幼嫩芽叶毫毛多，与品质相关的一些有效物质使绿茶滋味鲜爽，香气浓烈，而且保健作用也佳。

春、夏、秋茶主要是从茶叶的外形、色泽、香气上加以判断。

红茶、绿茶条索紧结，珠茶颗粒圆紧；红茶色泽乌润，茶叶肥壮重实，或有较多毫毛；且又香气馥郁者，是春茶的品质特征。

红茶、绿茶条索松散，珠茶颗粒松泡；红茶色泽红润，绿茶色泽灰暗或乌黑；茶叶轻飘宽大，嫩梗瘦长；香气略带粗老者，是夏茶的品质特征。

凡茶叶大小不一，叶张轻薄瘦小；绿茶色泽黄绿，红茶色泽暗红，且茶叶香气平和者，是秋茶的品质特征。

（五）真茶与假茶

运用视觉、味觉等器官，对茶叶固有的色、香、味、形特征，用看、闻、摸、尝的办法判断茶叶的真假。鉴别时，通常先用双手捧起一把干茶，闻茶叶的气味。凡具有茶叶固有的清香者，为真茶；凡带有青腥气或其他异味者，为假茶。如果取少量茶叶用火灼烤，真茶与假茶的气味更易识别。

（六）窨花茶与拌花茶

用双手捧上一把茶，送入鼻端闻一下，凡有浓郁花香者，则属拌花茶。如果用开水冲沏，只要一闻一饮，更易检测。

（七）高山茶和平地茶

高山茶芽叶肥壮。节间长颜色绿，茸毛多。以此加工而成的茶叶，条索紧结、肥硕，白毫显露，香气馥郁，滋味浓厚，耐冲泡。

平地茶芽叶较小，叶底坚薄，叶张平展，叶色黄绿欠光润。以此加工而成的茶叶，条索较细瘦，身骨较轻，香气稍低，滋味和淡。

第四节　农作物收购注意事项

一、粮食收购价格

从2004年开始，我国粮食产量连年丰收，2004～2006年，三年内粮食累计增产1335亿斤，粮食价格已经面临着较大的下行压力，如何调控粮食市场价格，继续稳定粮食生产，避免重蹈谷贱伤农的老路，成为决策者面临的主要问题。

从2004年以来，国家采取了一系列对粮食的宏观调控措施，涉及农田和耕地、粮食生产、市场价格、进出口和库存等多个方面，如通过控制保护农田和耕地，确保粮食生产和粮食安全的基础条件；通过实行“三补贴”政策，鼓励粮食生产、调动农民种粮积极性，实行最低粮价保护政策等。粮食最低收购价政策是为保护农民利益、保障粮食市场供应实施的粮食价格调控政策。一般情况下，粮食收购价格由市场供求决定，国家在充分发挥市场机制作用的基础上实行宏观调控，必要时由国务院决定对短缺的重点粮食品种，在粮食主产区实行最低收购价格。当市场粮价低于国家确定的最低收购价时，国家委托符合一定资质条件的粮食企业，按国家确定的最低收购价收购农民的粮食。

通过实施最低收购价政策来稳定粮食生产、引导市场粮价和增加农民收入是众多宏观调控措施中的重要一项。它与其他宏观调控政策一样，是为解决“工农”问题，实施工业反哺农业而采取的重要手段。因而，具有较现实的意义。

二、企业收购农作物种子的一般管理程序

按预约生产合同，根据市场调研、种子田间检验及产量水平等实际情况，拟定种子收购计划，包括收购的品种和数量及收购依据（如是否有销售意向；是否已经签订销售合同或协议；是否为场内供种；是否为代繁等等），报收购企业生产计划部。

在拟定的收购计划的基础上，依据总的销售目标和市场调研情况制定收购计划，明确收购总量和各品种计划收购量。

在统一指导下实施种子收购，在收购过程中，经企业同意可视具体情况对收购品种及数量作适当调整。

收购总量超过预约生产量10%要报企业重新审议。

收购流程如图2－1所示。

三、农作物种子的贮存

种子是最基本的农业生产资料，是农业增产的内因，是各项技术措施的载体。所以，搞好农作物种子的越冬安全贮藏，是农业生产上的一个关键环节，也是农村冬春季节中的一项重要工作。如果缺乏必要的知识，管理不善，会使害虫危害严重，导致种子的生活力降低，数量减少，严重的会使种子霉烂，使农业生产受到很大损失。现介绍几种主要农作物种子的贮藏方法：

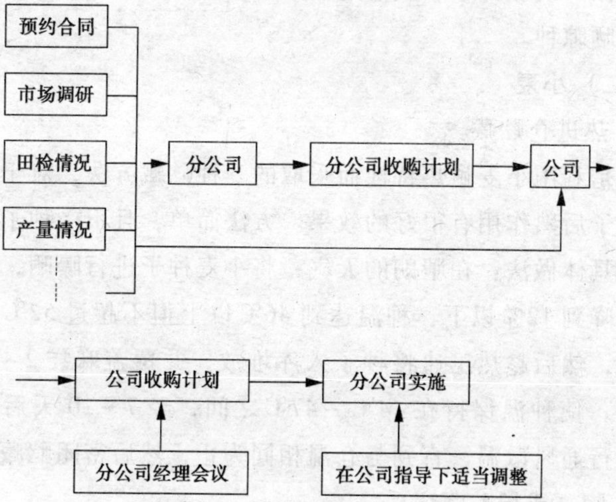

图 2－1　农产品收购流程

（一）玉米

1. 果穗贮藏

这是一种既经济、效果又好的贮藏方法。这种方法有利于种子后熟和干燥，减少仓虫和微生物的危害，但仓容利用率低。具体做法：在冬季干燥寒冷的地区，用高粱秆在露天场地编制玉米仓，存放果穗越冬。或把秋玉米果穗挂藏留种。适合于农家少量贮藏。但在温度高、湿度大的地区不宜采用这种方法，因为在这样的环境条件下，玉米很容易吸湿回潮，生虫、发霉，必须采用干燥、低温、密闭的贮藏方法。

2. 籽粒贮藏

如果种子贮藏数量很大，多采用此种方法。其关键是要把种子含水量降至13%以下。玉米脱粒后，晒干扬净，密闭仓房贮藏。并在贮藏期间，加强种温、水分和虫害的检查，一旦发现发热、霉变、出汗、结露、出芽及虫蛀等现象，要及时采取措施。

同时根据天气和种子贮藏情况，及时进行通风换气，必要时还要进行翻晒晾种。

（二）小麦

1. 热进仓贮藏

这是利用小麦耐热特性而采取的一种贮藏方法，对于杀虫和促进种子后熟作用有很好的效果。方法简单，且不受种子数量的限制。具体做法：在晴朗的天气，将小麦种子进行曝晒，使其含水量下降到12%以下，种温达到46℃以上但不超过52℃，持续两小时，然后趁热迅速将种子入库堆放，并覆盖麻袋2~3层密闭保温，使种温保持在44℃~47℃之间，经7~10天后掀掉麻袋，进行通风散温，直到与仓温相同为止，然后密闭贮藏保存。

2. 陶缸或坛贮藏法

这种贮藏方法适用于农家少量麦种的存放。即把缸或坛洗净消毒灭虫晾干后，先在缸底放入一定量的干草木灰，用牛皮纸将种、灰隔开，将充分晒干扬净的麦种装入，麦种上覆盖报纸，报纸上再用约10厘米厚的干草木灰盖严，然后加盖密封。贮藏期间要防止受潮和生虫。

（三）水稻

1. 仓库贮藏法

这种方法要求种子含水量在14%以下。入库前，库中先垫好板子，板子上再铺一层草帘子，然后装入种子，种子上面用稻草盖严即可。要求仓房温度保持平稳状态，避免忽冷忽热。

2. 窖藏法

这种方法由于种子与外界隔绝，温湿度变化小，不仅适合于成熟度好、含水量低的稻种贮藏，而且还适合于成熟度稍差、含水量略高的种子。具体做法如下：选择地势高干燥处，挖长方形地窖，窖深1.5~2米，宽不超过2米，窖底和四周铺好草帘，再铺上席子，将稻种装入，在稻种上面盖席子，然后再盖土 30～60 厘米。

待 11 月初，种子入窖，第二年四月，气温达 0℃～2℃时，将种子取出。待春季气温回升后，及时晾晒，以免种子发热变质。

（四）大豆

由于大豆导热性差，高温时易出现赤变，所以应采取低温密闭的贮藏方法。具体做法：大豆脱粒后，及时晾晒风干，控制种子含水量在 12% 以下。晒干后，先摊开冷却，再分批入库。除密闭门窗外，在散装种子堆上面还可以压盖经清洁、消毒处理的草苫或麻袋，压盖要平整、严密、坚实，这种方法既可防潮，又可防虫。入库后 3～4 周左右，应及时进行倒仓通风散湿，过筛除杂，以防止出汗发热、霉变、赤变等异常情况发生。对于农户贮藏少量的种子，可用涂釉的瓮、坛罐或木箱之类的器具，其下部和上部铺垫些草木灰或干沙再密闭封存，贮藏期间以密闭为主，但应注意适时通风。

（五）高粱、谷子

种子入库前要精选，清除杂质和秕粒。具体方法如下：

1. 果穗贮藏法

在田间选穗割下时，留 30 厘米左右长的茎秆，捆成小捆，晾干后挂在仓库里。

2. 籽粒贮藏法

已脱粒的种子，要充分晾晒，使水分降到安全含水量以内（高粱：13% 以下；谷子：12.5% 以下），低温密闭贮藏。如种温在 25℃以下，则可安全贮藏，如种温超过 25℃，则要适当降低种子水分。种子入库如正值气温下降季节，应适时通风降温，以防结露。贮藏期间注意检查种子的受潮、发热现象。

（六）棉花

棉花种壳硬，表面有层短绒，如大堆贮藏，堆内郁闭，短绒吸湿，因不同时期收获，成熟度、含水量不同，因此，要把霜前花和霜后花分开，扎后分别贮藏，最好用霜前花留种。种子充分干燥，含水量12%以下入库，控制种堆高度，以半仓为宜，以便通风换气，把测温仪的探头埋入每隔3米带孔的竹竿，在竹竿内测量。

另外，种子在贮藏过程中，新、旧种子不能同贮，不同作物种子要严防混杂，不能与化肥农药混存，贮藏期间要保持相对恒定的温、湿度，加强管理，定期检查，发现问题，及时采取措施，加以解决。

第三章 肉类奶类产品的收购

第一节 猪产品加工收购检验

一、猪肉产品

（一）鲜肉产品指标

鲜猪肉依据标准：GB2722－81《鲜猪肉卫生标准》。

1. 色泽

一级鲜度：肌肉有光泽，红色均匀，脂肪洁白。

二级鲜度：外表干燥或粘手，新切面湿润。

2. 弹性

一级鲜度：指压后的凹陷立即恢复。

二级鲜度：指压后的凹陷恢复慢且不能完全恢复。

3. 气味

一级鲜度：具有鲜猪肉正常气味。

二级鲜度：稍有氨味或酸味。

4. 煮沸后的肉汤

一级鲜度：透明澄清，脂肪团聚于表面，具有香味。

二级鲜度：稍有浑浊，脂肪呈小滴浮于表面，无鲜味。

（二）冻猪肉产品指标

依据标准：GB2707－81《冻猪肉卫生标准》。

1. 色泽

一级鲜度：肌肉有光泽，色红均匀，脂肪洁白，无霉点。

二级鲜度：肌肉色稍暗红，缺乏光泽，脂肪微黄，或有少量霉点。

2. 组织状态

一级鲜度：肉质紧密，有坚实感。

二级鲜度：肉质软化或松驰。

3. 粘度

一级鲜度：外表及切面微湿润，不粘手。

二级鲜度：外表湿润，微粘手；切面有渗出液，不粘手。

4. 气味

一级鲜度：无异味。

二级鲜度：稍有氨味或酸味。

二、火腿类产品

依据标准：GB2731－88《火腿卫生标准》。

（一）火腿产品指标

1. 色泽

一级鲜度：肌肉切面呈深玫瑰红色或桃红色，脂肪切面呈白色或微红色，有光泽。

二级鲜度：肌肉切面呈暗红色或深玫瑰红色，脂肪切面呈白色或淡黄色，光泽较差。

2. 组织状态

一级鲜度：致密而结实，切面平整。

二级鲜度：较致密而稍软，切面平整。

3. 气味和煮熟尝味

一级鲜度：具有火腿特有香味或香味平淡。尝味时盐味适度，无其他异味。

二级鲜度：稍有酱味、豆豉味或酸味。尝味时允许有轻度酸味或涩味。

（二）香肠（腊肠）、香肚产品指标

依据标准：GB10147－88《香肠（膜肠）、香肚卫生标准》。

一级鲜度：肠衣（或肚皮）干燥且紧贴肉馅，无粘液及霉点，坚实或有弹性。

二级鲜度：肠衣（或肚皮）稍有湿润或发粘，易与肉馅分离，但不易撕裂，表面稍有霉点，但抹后无痕迹，发软而无韧性。

1. 组织状态

一级鲜度：切面坚实。

二级鲜度：切面齐，有裂隙，周缘部分有软化现象。

2. 色泽

一级鲜度：切面肉馅有光泽，肌肉灰红至玫瑰红色，脂肪白色或微带红色。

二级鲜度：部分肉馅有光泽，肌肉深灰或咖啡色，脂肪发黄。

3. 气味

一级鲜度：具有香肠固有的风味。

二级鲜度：脂肪有轻微酸味，有时肉馅带有酸味。

（三）灌肠产品指标

依据标准：GB2725－81《灌肠类卫生标准》。

1. 肠衣（肠皮）干燥完整，并与内容物密切结合，坚实而有弹力，无粘液及霉斑。

2. 切面坚实而湿润，肉呈均匀的蔷薇红色，脂肪为白色。

3. 无腐臭，无酸败味。

三、烧烤肉产品

依据标准：GB2727－81《烧烤肉卫生标准》。

（一）烧烤肉产品指标

1. 色泽

烧烤猪、鹅、鸭类：肌肉切面鲜艳发光，微红色，脂肪呈浅乳白色（鹅、鸭浅黄色）。

叉烧类：肌肉切面微赤红色，脂肪白而透明，有光泽。

2. 组织状态

烧烤猪、鹅、鸭类：肌肉切面压之无血水，脂肪滑而脆。

叉烧类：肌肉切面紧密，脂肪结实而脆。

3. 气味

烧烤猪、鹅、鸭类：无异味、无异臭。

叉烧类：无异味、无异臭。

（二）酱卤肉产品指标

依据标准：GB2726－81《酱卤肉类卫生标准》。

肉质新鲜，无异物附着，无异味。

（三）肴肉产品指标

依据标准：GB2728－81《肴肉卫生标准》。

皮白，肉呈微红色，肉汁呈透明晶体状，表面湿润，有弹性，无异味。

（四）肉松产品（太仓式）指标

依据标准：GB2729－81《肉松（太仓式）卫生标准》。

呈金黄色或淡黄色带有光泽，絮状，纤维洁纯疏松，无异味。

四、咸肉产品

咸肉是我国传统利用食盐保存肉类的一种方法，它具有加工简单、便于运输和保存的特点，我国南方农村普遍有盐腌肉的习惯。

（一）质量好的咸肉

肉皮干硬，苍白色、无霉斑及粘液，脂肪色白或带微红、质硬、肌肉切面平整，有光泽、结构紧密而结实，呈鲜红或玫瑰红色且均匀无斑，无虫蛀。

（二）变质的咸肉

肉皮粘滑、发软、脂肪灰白色或黄色，质似豆腐状，肌肉切面暗红色或带灰绿色，有腐败臭味或虫蛀等。

（三）腊肉与咸肉的区别

主要在于腊肉先经腌制，再进行熏制。我国南方各地生产腊肉较多，在华北、西北地区生产腊牛内、腊羊肉较多，在华北、西北地区生产腊牛肉、腊羊肉较多。质量好的腊肉：色泽鲜明，肌肉呈鲜红色或暗红色，脂肪透明或呈乳白色；肉身干爽、结实，富有弹性；并具有腊肉应有的风味。变质的腊肉：色泽灰暗无光，脂肪明显黄色，表面有霉点、霉斑，揩抹后仍有霉迹，肉身松软、无弹性，且带粘液，脂肪有明显酸败味或其他异味。

第二节　鸡产品加工收购检验

鸡产品中，鸡蛋是农户们常常交易的品种了，而活鸡的交易由于运输等问题，一些企业往往就地加工，不论是何种交易方式，应该符合以下感官指标。

一、鲜蛋产品

看：用眼睛观查蛋的外部，新鲜蛋外壳色泽鲜明，蛋壳外层有一层粉霜状膜。如果蛋壳外层粉霜脱落、壳色油亮、毛眼气孔大，往往是受热或经过孵化的蛋。蛋壳外层如有黑斑点或呈灰色的蛋为臭蛋。

掂：将蛋放置在手中，一般有压手感觉的为鲜蛋。如果手感轻飘，摇晃时内有动荡的表明存放时间较长，产生空头较大或出现散黄现象。如果手感较滑又很轻飘的为孵化蛋。

听：手拿三四枚蛋相互轻轻磕碰，新鲜蛋碰撞时有像石子磕时产生清脆“咯咯”声。臭蛋和贴皮蛋则有碎喳似的“唰啦唰啦”声响。空头蛋相互碰撞会有空洞声。裂纹蛋相互碰撞时会产生破裂声。

照：将手合形成筒状使蛋在其中，对光观察。如果蛋透光良好，并呈橘红色为鲜蛋，反之为质次蛋。但蛋壳的薄厚不一，此方法效果略有差别。

二、鲜鸡肉产品

依据标准：GB2724－81《鲜鸡肉卫生标准》。

（一）眼球

一级鲜度：眼球饱满。

二级鲜度：眼球皱缩凹陷，晶体稍浑浊。

（二）色泽

一级鲜度：皮肤有光泽，因品种不同而呈淡黄、淡红、灰白或灰黑等色，肌肉切面发光。

二级鲜度：皮肤色泽转暗，肌肉切面有光泽。

（三）粘度

一级鲜度：外表微干或微湿润，不粘手。

二级鲜度：外表干燥或粘手，新切面湿润。

（四）弹性

一级鲜度：指压后的凹陷立即恢复。

二级鲜度：指压后的凹陷恢复慢，且不能完全恢复。

（五）气味

一级鲜度：具有鲜鸡肉正常的气味。

二级鲜度：无其他异味，唯腹腔内有轻度异味。

（六）煮沸后的肉汤

一级鲜度：透明澄清，脂肪团聚于表面，具特有香味。

二级鲜度：稍有浑浊，脂肪呈小滴浮于表面，香味差或无鲜味。

第三节 牛羊产品加工收购检验

牛羊肉也是定点宰杀产品，而近年来倍受打击的牛奶产品的收购质量更加受到关注，此类产品除国家规定的各种质量标准外，还应该符合以下感官指标。

一、牛羊肉

（一）鲜肉指标

依据标准：GB2723－81《鲜牛肉、鲜羊肉、鲜兔肉卫生标准》。

1. 色泽

一级鲜度：肌肉有光泽，红色均匀，脂肪洁白或淡黄色。

二级鲜度：肌肉色稍暗，切面尚有光泽，脂肪缺乏光泽。

2. 粘度

一级鲜度：外表微干或有风干膜，不粘手。

二级鲜度：外表干燥或粘手，新切面湿润。

3. 弹性

一级鲜度：指压后的凹陷立即恢复。

二级鲜度：指压后的凹陷恢复慢，且不能完全恢复。

4. 气味

一级鲜度：具有鲜牛肉、鲜羊肉、鲜兔肉正常气味。

二级鲜度：稍有氨味或酸味。

5. 煮沸后的肉汤

一级鲜度：透明澄清，脂肪团聚于表面，具有香味。

二级鲜度：稍有浑浊，脂肪呈小滴浮于表面，香味差或无鲜味。

（二）冻牛肉指标

依据标准：GB2708－81《冻牛肉卫生标准》。

1. 色泽

一级鲜度：肌肉色红均匀，有光泽，脂肪白色或微黄色。

二级鲜度：肉色稍暗，肉与脂肪缺乏光泽，但切面尚有光泽。

2. 粘度

一级鲜度：肌肉外表微干，或有风干膜，或外表湿润，但不粘手。

二级鲜度：外表干燥或轻度粘手，切面湿润粘手。

3. 组织状态

一级鲜度：肌肉结构紧密，有坚实感，肌纤维韧性强。

二级鲜度：肌肉组织松弛，肌纤维有韧性。

4. 气味

一级鲜度：具有牛肉正常的气味。

二级鲜度：稍有氨味或酸味。

5. 煮沸后的肉汤

一级鲜度：澄清透明，脂肪团聚于表面，具有鲜牛肉汤固有的香味和鲜味。

二级鲜度：稍有混浊，脂肪呈小滴浮于表面，香味、鲜味较差。

（三）鲜、冻胴体羊肉

依据标准：GB9961－88《鲜冻胴体羊肉标准》。

1. 色泽

鲜羊肉：肌肉有光泽，色鲜红或深红；脂肪呈乳白或淡黄色。

冻羊肉（解冻后）：肌肉色鲜艳，有光泽；脂肪呈乳白色。

2. 粘度

鲜羊肉：外表微干或有风干膜，不粘手。

冻羊肉（解冻后）：外表微干或有风干膜，或湿润，不粘手。

3. 弹性（组织状态）

鲜羊肉：指压后的凹陷立即恢复。

冻羊肉（解冻后）：肌肉结构紧密，有坚实感，肌纤维韧性强。

4. 气味

鲜羊肉：具有鲜羊肉正常的气味。

冻羊肉（解冻后）：具有羊肉正常的气味。

5. 煮沸后的肉汤

鲜羊肉：透明澄清，脂肪团聚于表面，具特有的香味。

冻羊肉（解冻后）：澄清透明，脂肪团聚于表面，具有羊肉汤固有的香味和鲜味。

二、乳产品

食用牛奶应为鲜奶，牛奶变质酸败后，一旦饮用则对人体健康构成威胁。鉴别的方法很简单，只要将奶滴入清水中，若不化开，则为新鲜奶；否则，就不是新鲜牛奶。若是瓶装牛奶，只要在瓶子上部观察到稀薄现象或瓶底有沉淀的，则都是不新鲜奶。

（一）奶粉

1. 手捏鉴别

真奶粉：用手捏住袋装奶粉包装来回摩搓，真奶粉质地细腻，发出“吱、吱”声。

假奶粉：用手捏住袋装奶粉包装来回摩搓，假奶粉由于掺有白糖、葡萄糖而颗粒较粗，发出“沙、沙”的声响。

2. 色泽鉴别

真奶粉：呈天然乳黄色。

假奶粉：颜色较白，细看呈结晶状并有光泽，或呈漂白色。

3. 气味鉴别

真奶粉：嗅之有牛奶特有的奶香味。

假奶粉：乳香味甚微或没有乳香味。

4. 滋味鉴别

真奶粉：细腻发粘，溶解速度慢，无糖的甜味。

假奶粉：入口后溶解快，不沾牙，有甜味。

5. 溶解速度鉴别

真奶粉：用冷开水冲时，需经搅拌才能溶解成乳白色混悬液；用热水冲时，有悬漂物上浮现象，搅拌时粘住调羹。

假奶粉：用冷开水冲时，不经搅拌就会自动溶解或发生沉淀；用热水冲时，其溶解迅速，没有天然乳汁的香味和颜色。

（二）奶油（酪）

1. 色泽鉴别

良质奶油：呈均匀一致的淡黄色，有光泽。

次质奶油：色泽较差且不均匀，呈白色或着色过度，无光泽。

劣质奶油：色泽不匀，表面有霉斑，甚至深部发生霉变，外表面浸水。

2. 组织状态鉴别

良质硬质干酪：外皮质地均匀，无裂缝、无损伤、无霉点及霉斑。切面组织细腻，湿润，软硬适度，有可塑性。

次质硬质干酪：表面不均，切面较干燥，有大气孔，组织状态疏松。

劣质硬质干酪：外表皮出现裂缝，切面干燥，有大气孔，组织状态呈碎粒状。

3. 气味鉴别

良质硬质干酪：除具有各种干酪特有的气味外，一般都香味浓郁。

次质硬质干酪：干酪味平淡或有轻微异味。

劣质硬质干酪：具有明显的异味，如霉味、脂肪酸败味、腐败变质味等。

4. 滋味鉴别

良质硬质干酪：具有干酪固有的滋味。

次质硬质干酪：干酪滋味平淡或有轻微异味。

劣质硬质干酪：具有异常的酸味或苦涩味。

第四节 肉类奶类产品收购注意事项

生鲜乳收购案例

2009年鲜奶生产高峰期，南京市41家奶站中的12家小奶站被依法关闭。生鲜乳收购将100%纳入监管范围，农林部门将建立从生产、收购到运输的全流程可追溯的监管体系，以确保奶制品源头的安全。

这次监管的重点是关闭“日收奶量低于3吨的奶站”和“个体私营投资奶站”。全市累计检查1337家（次）奶站、饲料生产企业、奶牛养殖场（户），抽样检测生鲜牛奶样品1050个批次，饲料抽样220个批次。

“三鹿奶粉事件”发生前，全国生鲜乳生产和收购环节处于“多头管理、监管缺位”的状态，形同“真空”。按照国务院发布的《乳品质量安全监督管理条例》，“县级以上人民政府畜牧兽医主管部门负责奶畜饲养以及生鲜乳生产环节、收购环节的监督管理”，南京市农林部门全面负责市生鲜乳生产和收购环节的监管。所有重新“上岗”的奶站必须申领农林部门核发的《生鲜乳收购许可证》，运输生鲜乳的车辆必须按照南京市生鲜乳运输准运标准，取得当地农林部门核发的“生鲜乳准运证明”。

为了确保奶源质量，根据国务院和农业部有关规定，南京市着手建立从牧场到生产企业的全流程、可追溯的监管体系，在各关键环节均须留档、留样备查。奶农送奶到奶站后，站方必须按照规定详细记录畜主姓名、单次收购量、收购日期和时间等，并留下样本、分罐储存；在运输及送达乳品生产企业环节，收购站经手人、押运员、驾驶员、收奶员均须签字负责。一旦发现鲜奶质量不合格，可按照流程逐级倒查到具体责任人。

乳制品行业竞争非常激烈，利润较低，奶站为了经营获利必须达到一定的规模，达不到这个规模，就有可能违法、违规向鲜奶中加水并添加其他物质，以蒙混过关。根据行业经验，奶站如果日收购鲜奶量低于3吨，将很难维持生存。因此，南京市要求奶站日购量最低不低于3吨。

个体私营奶站一般规模都较小、条件比较落后，关闭是为了确保消费安全。对于主体不合法的奶站，未按期整改或无能力改造的，采取限期关闭的方式，并积极推动乳品加工企业对它们进行接管。

南京市现有近3万头奶牛，而奶站只有30多家，为了方便奶农送奶，在交通不便、暂时不具备奶站建设条件的地区，允许合格奶站在同一个街（镇）范围内设立鲜奶收购点，集中定点收购鲜奶。特别是鲜奶生产高峰期，同时也是乳品消费淡季，为了不影响奶农和奶站生产收购，南京市有关部门督促企业按合同收奶，帮助奶农扩大销售渠道，避免奶农倒奶或因亏损而杀牛的现象发生。

附：乳品质量安全监督管理条例

第一章　总　　则

第一条　为了加强乳品质量安全监督管理，保证乳品质量安全，保障公众身体健康和生命安全，促进奶业健康发展，制定本条例。

第二条　本条例所称乳品，是指生鲜乳和乳制品。

乳品质量安全监督管理适用本条例；法律对乳品质量安全监督管理另有规定的，从其规定。

第三条 奶畜养殖者、生鲜乳收购者、乳制品生产企业和销售者对其生产、收购、运输、销售的乳品质量安全负责，是乳品质量安全的第一责任者。

第四条 县级以上地方人民政府对本行政区域内的乳品质量安全监督管理负总责。

县级以上人民政府畜牧兽医主管部门负责奶畜饲养以及生鲜乳生产环节、收购环节的监督管理。县级以上质量监督检验检疫部门负责乳制品生产环节和乳品进出口环节的监督管理。县级以上工商行政管理部门负责乳制品销售环节的监督管理。县级以上食品药品监督部门负责乳制品餐饮服务环节的监督管理。县级以上人民政府卫生主管部门依照职权负责乳品质量安全监督管理的综合协调、组织查处食品安全重大事故。县级以上人民政府其他有关部门在各自职责范围内负责乳品质量安全监督管理的其他工作。

第五条 发生乳品质量安全事故，应当依照有关法律、行政法规的规定及时报告、处理；造成严重后果或者恶劣影响的，对有关人民政府、有关部门负有领导责任的负责人依法追究责任。

第六条 生鲜乳和乳制品应当符合乳品质量安全国家标准。乳品质量安全国家标准由国务院卫生主管部门组织制定，并根据风险监测和风险评估的结果及时组织修订。

乳品质量安全国家标准应当包括乳品中的致病性微生物、农药残留、兽药残留、重金属以及其他危害人体健康物质的限量规定，乳品生产经营过程的卫生要求，通用的乳品检验方法与规程，与乳品安全有关的质量要求，以及其他需要制定为乳品质量安全国家标准的内容。

制定婴幼儿奶粉的质量安全国家标准应当充分考虑婴幼儿身体特点和生长发育需要，保证婴幼儿生长发育所需的营养成分。

国务院卫生主管部门应当根据疾病信息和监督管理部门的监督管理信息等，对发现添加或者可能添加到乳品中的非食品用化学物质和其他可能危害人体健康的物质，立即组织进行风险评估，采取相应的监测、检测和监督措施。

第七条　禁止在生鲜乳生产、收购、贮存、运输、销售过程中添加任何物质。

禁止在乳制品生产过程中添加非食品用化学物质或者其他可能危害人体健康的物质。

第八条　国务院畜牧兽医主管部门会同国务院发展改革部门、工业和信息化部门、商务部门，制定全国奶业发展规划，加强奶源基地建设，完善服务体系，促进奶业健康发展。

县级以上地方人民政府应当根据全国奶业发展规划，合理确定本行政区域内奶畜养殖规模，科学安排生鲜乳的生产、收购布局。

第九条　有关行业协会应当加强行业自律，推动行业诚信建设，引导、规范奶畜养殖者、生鲜乳收购者、乳制品生产企业和销售者依法生产经营。

第二章　奶畜养殖

第十条　国家采取有效措施，鼓励、引导、扶持奶畜养殖者提高生鲜乳质量安全水平。省级以上人民政府应当在本级财政预算内安排支持奶业发展资金，并鼓励对奶畜养殖者、奶农专业生产合作社等给予信贷支持。

国家建立奶畜政策性保险制度，对参保奶畜养殖者给予保费补助。

第十一条　畜牧兽医技术推广机构应当向奶畜养殖者提供养殖技术培训、良种推广、疫病防治等服务。

国家鼓励乳制品生产企业和其他相关生产经营者为奶畜养殖者提供所需的服务。

第十二条　设立奶畜养殖场、养殖小区应当具备下列条件：

（一）符合所在地人民政府确定的本行政区域奶畜养殖规模；

（二）有与其养殖规模相适应的场所和配套设施；

（三）有为其服务的畜牧兽医技术人员；

（四）具备法律、行政法规和国务院畜牧兽医主管部门规定的防疫条件；

（五）有对奶畜粪便、废水和其他固体废物进行综合利用的沼气池等设施或者其他无害化处理设施；

（六）有生鲜乳生产、销售、运输管理制度；

（七）法律、行政法规规定的其他条件。

奶畜养殖场、养殖小区开办者应当将养殖场、养殖小区的名称、养殖地址、奶畜品种和养殖规模向养殖场、养殖小区所在地县级人民政府畜牧兽医主管部门备案。

第十三条　奶畜养殖场应当建立养殖档案，载明以下内容：

（一）奶畜的品种、数量、繁殖记录、标识情况、来源和进出场日期；

（二）饲料、饲料添加剂、兽药等投入品的来源、名称、使用对象、时间和用量；

（三）检疫、免疫、消毒情况；

（四）奶畜发病、死亡和无害化处理情况；

（五）生鲜乳生产、检测、销售情况；

（六）国务院畜牧兽医主管部门规定的其他内容。

奶畜养殖小区开办者应当逐步建立养殖档案。

第十四条　从事奶畜养殖，不得使用国家禁用的饲料、饲料添加剂、兽药以及其他对动物和人体具有直接或者潜在危害的物质。

禁止销售在规定用药期和休药期内的奶畜产的生鲜乳。

第十五条　奶畜养殖者应当确保奶畜符合国务院畜牧兽医主管部门规定的健康标准，并确保奶畜接受强制免疫。

动物疫病预防控制机构应当对奶畜的健康情况进行定期检测；经检测不符合健康标准的，应当立即隔离、治疗或者做无害化处理。

第十六条　奶畜养殖者应当做好奶畜和养殖场所的动物防疫工作，发现奶畜染疫或者疑似染疫的，应当立即报告，停止生鲜乳生产，并采取隔离等控制措施，防止疫病扩散。

奶畜养殖者对奶畜养殖过程中的排泄物、废弃物应当及时清运、处理。

第十七条　奶畜养殖者应当遵守国务院畜牧兽医主管部门制定的生鲜乳生产技术规程。直接从事挤奶工作的人员应当持有有效的健康证明。

奶畜养殖者对挤奶设施、生鲜乳贮存设施等应当及时清洗、消毒，避免对生鲜乳造成污染。

第十八条　生鲜乳应当冷藏。超过2小时未冷藏的生鲜乳，不得销售。

第三章　生鲜乳收购

第十九条　省、自治区、直辖市人民政府畜牧兽医主管部门应当根据当地奶源分布情况，按照方便奶畜养殖者、促进规模化养殖的原则，对生鲜乳收购站的建设进行科学规划和合理布局。

必要时，可以实行生鲜乳集中定点收购。

国家鼓励乳制品生产企业按照规划布局，自行建设生鲜乳收购站或者收购原有生鲜乳收购站。

第二十条　生鲜乳收购站应当由取得工商登记的乳制品生产企业、奶畜养殖场、奶农专业生产合作社开办，并具备下列条件，取得所在地县级人民政府畜牧兽医主管部门颁发的生鲜乳收购许可证：

（一）符合生鲜乳收购站建设规划布局；

（二）有符合环保和卫生要求的收购场所；

（三）有与收奶量相适应的冷却、冷藏、保鲜设施和低温运输设备；

（四）有与检测项目相适应的化验、计量、检测仪器设备；

（五）有经培训合格并持有有效健康证明的从业人员；

（六）有卫生管理和质量安全保障制度。

生鲜乳收购许可证有效期 2 年；生鲜乳收购站不再办理工商登记。

禁止其他单位或者个人开办生鲜乳收购站。禁止其他单位或者个人收购生鲜乳。

国家对生鲜乳收购站给予扶持和补贴，提高其机械化挤奶和生鲜乳冷藏运输能力。

第二十一条　生鲜乳收购站应当及时对挤奶设施、生鲜乳贮存运输设施等进行清洗、消毒，避免对生鲜乳造成污染。

生鲜乳收购站应当按照乳品质量安全国家标准对收购的生鲜乳进行常规检测。检测费用不得向奶畜养殖者收取。

生鲜乳收购站应当保持生鲜乳的质量。

第二十二条　生鲜乳收购站应当建立生鲜乳收购、销售和检测记录。生鲜乳收购、销售和检测记录应当包括畜主姓名、单次收购量、生鲜乳检测结果、销售去向等内容，并保存2年。

第二十三条 县级以上地方人民政府价格主管部门应当加强对生鲜乳价格的监控和通报，及时发布市场供求信息和价格信息。必要时，县级以上地方人民政府建立由价格、畜牧兽医等部门以及行业协会、乳制品生产企业、生鲜乳收购者、奶畜养殖者代表组成的生鲜乳价格协调委员会，确定生鲜乳交易参考价格，供购销双方签订合同时参考。

生鲜乳购销双方应当签订书面合同。生鲜乳购销合同示范文本由国务院畜牧兽医主管部门会同国务院工商行政管理部门制定并公布。

第二十四条 禁止收购下列生鲜乳：

（一）经检测不符合健康标准或者未经检疫合格的奶畜产的；

（二）奶畜产犊7日内的初乳，但以初乳为原料从事乳制品生产的除外；

（三）在规定用药期和休药期内的奶畜产的；

（四）其他不符合乳品质量安全国家标准的。

对前款规定的生鲜乳，经检测无误后，应当予以销毁或者采取其他无害化处理措施。

第二十五条 贮存生鲜乳的容器，应当符合国家有关卫生标准，在挤奶后2小时内应当降温至0~4℃。

生鲜乳运输车辆应当取得所在地县级人民政府畜牧兽医主管部门核发的生鲜乳准运证明，并随车携带生鲜乳交接单。交接单应当载明生鲜乳收购站的名称、生鲜乳数量、交接时间，并由生鲜乳收购站经手人、押运员、司机、收奶员签字。

生鲜乳交接单一式两份，分别由生鲜乳收购站和乳品生产者保存，保存时间2年。准运证明和交接单式样由省、自治区、直辖市人民政府畜牧兽医主管部门制定。

第二十六条　县级以上人民政府应当加强生鲜乳质量安全监测体系建设，配备相应的人员和设备，确保监测能力与监测任务相适应。

第二十七条　县级以上人民政府畜牧兽医主管部门应当加强生鲜乳质量安全监测工作，制定并组织实施生鲜乳质量安全监测计划，对生鲜乳进行监督抽查，并按照法定权限及时公布监督抽查结果。

监测抽查不得向被抽查人收取任何费用，所需费用由同级财政列支。

第四章　乳制品生产

第二十八条　从事乳制品生产活动，应当具备下列条件，取得所在地质量监督部门颁发的食品生产许可证：

（一）符合国家奶业产业政策；

（二）厂房的选址和设计符合国家有关规定；

（三）有与所生产的乳制品品种和数量相适应的生产、包装和检测设备；

（四）有相应的专业技术人员和质量检验人员；

（五）有符合环保要求的废水、废气、垃圾等污染物的处理设施；

（六）有经培训合格并持有有效健康证明的从业人员；

（七）法律、行政法规规定的其他条件。

质量监督部门对乳制品生产企业颁发食品生产许可证，应当征求所在地工业行业管理部门的意见。

未取得食品生产许可证的任何单位和个人，不得从事乳制品生产。

第二十九条　乳制品生产企业应当建立质量管理制度，采取质量安全管理措施，对乳制品生产实施从原料进厂到成品出厂的全过程质量控制，保证产品质量安全。

第三十条　乳制品生产企业应当符合良好生产规范要求。国家鼓励乳制品生产企业实施危害分析与关键控制点体系，提高乳制品安全管理水平。生产婴幼儿奶粉的企业应当实施危害分析与关键控制点体系。

对通过良好生产规范、危害分析与关键控制点体系认证的乳制品生产企业，认证机构应当依法实施跟踪调查；对不再符合认证要求的企业，应当依法撤销认证，并及时向有关主管部门报告。

第三十一条　乳制品生产企业应当建立生鲜乳进货查验制度，逐批检测收购的生鲜乳，如实记录质量检测情况、供货者的名称以及联系方式、进货日期等内容，并查验运输车辆生鲜乳交接单。查验记录和生鲜乳交接单应当保存2年。乳制品生产企业不得向未取得生鲜乳收购许可证的单位和个人购进生鲜乳。

乳制品生产企业不得购进兽药等化学物质残留超标，或者含有重金属等有毒有害物质、致病性的寄生虫和微生物、生物毒素以及其他不符合乳品质量安全国家标准的生鲜乳。

第三十二条　生产乳制品使用的生鲜乳、辅料、添加剂等，应当符合法律、行政法规的规定和乳品质量安全国家标准。

生产的乳制品应当经过巴氏杀菌、高温杀菌、超高温杀菌或者其他有效方式杀菌。

生产发酵乳制品的菌种应当纯良、无害，定期鉴定，防止杂菌污染。

生产婴幼儿奶粉应当保证婴幼儿生长发育所需的营养成分，不得添加任何可能危害婴幼儿身体健康和生长发育的物质。

第三十三条　乳制品的包装应当有标签。标签应当如实标明产品名称、规格、净含量、生产日期，成分或者配料表，生产企业的名称、地址、联系方式，保质期，产品标准代号，贮存条件，所使用的食品添加剂的化学通用名称，食品生产许可证编号，法律、行政法规或者乳品质量安全国家标准规定必须标明的其他事项。

使用奶粉、黄油、乳清粉等原料加工的液态奶，应当在包装上注明；使用复原乳作为原料生产液态奶的，应当标明“复原乳”字样，并在产品配料中如实标明复原乳所含原料及比例。

婴幼儿奶粉标签还应当标明主要营养成分及其含量，详细说明使用方法和注意事项。

第三十四条　出厂的乳制品应当符合乳品质量安全国家标准。

乳制品生产企业应当对出厂的乳制品逐批检验，并保存检验报告，留取样品。检验内容应当包括乳制品的感官指标、理化指标、卫生指标和乳制品中使用的添加剂、稳定剂以及酸奶中使用的菌种等；婴幼儿奶粉在出厂前还应当检测营养成分。对检验合格的乳制品应当标识检验合格证号；检验不合格的不得出厂。检验报告应当保存2年。

第三十五条　乳制品生产企业应当如实记录销售的乳制品名称、数量、生产日期、生产批号、检验合格证号、购货者名称及其联系方式、销售日期等。

第三十六条　乳制品生产企业发现其生产的乳制品不符合乳品质量安全国家标准、存在危害人体健康和生命安全危险或者可能危害婴幼儿身体健康或者生长发育的，应当立即停止生产，报告有关主管部门，告知销售者、消费者，召回已经出厂、上市销售的乳制品，并记录召回情况。

乳制品生产企业对召回的乳制品应当采取销毁、无害化处理等措施，防止其再次流入市场。

第五章　乳制品销售

第三十七条　从事乳制品销售应当按照食品安全监督管理的有关规定，依法向工商行政管理部门申请领取有关证照。

第三十八条　乳制品销售者应当建立并执行进货查验制度，审验供货商的经营资格，验明乳制品合格证明和产品标识，并建立乳制品进货台账，如实记录乳制品的名称、规格、数量、供货商及其联系方式、进货时间等内容。从事乳制品批发业务的销售企业应当建立乳制品销售台账，如实记录批发的乳制品的品种、规格、数量、流向等内容。进货台账和销售台账保存期限不得少于2年。

第三十九条　乳制品销售者应当采取措施，保持所销售乳制品的质量。

销售需要低温保存的乳制品的，应当配备冷藏设备或者采取冷藏措施。

第四十条　禁止购进、销售无质量合格证明、无标签或者标签残缺不清的乳制品。

禁止购进、销售过期、变质或者不符合乳品质量安全国家标准的乳制品。

第四十一条　乳制品销售者不得伪造产地，不得伪造或者冒用他人的厂名、厂址，不得伪造或者冒用认证标志等质量标志。

第四十二条　对不符合乳品质量安全国家标准、存在危害人体健康和生命安全或者可能危害婴幼儿身体健康和生长发育的乳制品，销售者应当立即停止销售，追回已经售出的乳制品，并记录追回情况。

乳制品销售者自行发现其销售的乳制品有前款规定情况的，还应当立即报告所在地工商行政管理等有关部门，通知乳制品生产企业。

第四十三条　乳制品销售者应当向消费者提供购货凭证，履行不合格乳制品的更换、退货等义务。

乳制品销售者依照前款规定履行更换、退货等义务后，属于乳制品生产企业或者供货商的责任的，销售者可以向乳制品生产企业或者供货商追偿。

第四十四条　进口的乳品应当按照乳品质量安全国家标准进行检验；尚未制定乳品质量安全国家标准的，可以参照国家有关部门指定的国外有关标准进行检验。

第四十五条　出口乳品的生产者、销售者应当保证其出口乳品符合乳品质量安全国家标准的同时还符合进口国家（地区）的标准或者合同要求。

第六章　监督检查

第四十六条　县级以上人民政府畜牧兽医主管部门应当加强对奶畜饲养以及生鲜乳生产环节、收购环节的监督检查。县级以上质量监督检验检疫部门应当加强对乳制品生产环节和乳品进出口环节的监督检查。县级以上工商行政管理部门应当加强对乳制品销售环节的监督检查。县级以上食品药品监督部门应当加强对乳制品餐饮服务环节的监督管理。监督检查部门之间，监督检查部门与其他有关部门之间，应当及时通报乳品质量安全监督管理信息。

畜牧兽医、质量监督、工商行政管理等部门应当定期开展监督抽查，并记录监督抽查的情况和处理结果。需要对乳品进行抽样检查的，不得收取任何费用，所需费用由同级财政列支。

第四十七条　畜牧兽医、质量监督、工商行政管理等部门在依据各自职责进行监督检查时，行使下列职权：

（一）实施现场检查；

（二）向有关人员调查、了解有关情况；

（三）查阅、复制有关合同、票据、账簿、检验报告等资料；

（四）查封、扣押有证据证明不符合乳品质量安全国家标准的乳品以及违法使用的生鲜乳、辅料、添加剂；

（五）查封涉嫌违法从事乳品生产经营活动的场所，扣押用于违法生产经营的工具、设备；

（六）法律、行政法规规定的其他职权。

第四十八条　县级以上质量监督部门、工商行政管理部门在监督检查中，对不符合乳品质量安全国家标准、存在危害人体健康和生命安全危险或者可能危害婴幼儿身体健康和生长发育的乳制品，责令并监督生产企业召回、销售者停止销售。

第四十九条　县级以上人民政府价格主管部门应当加强对生鲜乳购销过程中压级压价、价格欺诈、价格串通等不正当价格行为的监督检查。

第五十条　畜牧兽医主管部门、质量监督部门、工商行政管理部门应当建立乳品生产经营者违法行为记录，及时提供给中国人民银行，由中国人民银行纳入企业信用信息基础数据库。

第五十一条　省级以上人民政府畜牧兽医主管部门、质量监督部门、工商行政管理部门依据各自职责，公布乳品质量安全监督管理信息。有关监督管理部门应当及时向同级卫生主管部门通报乳品质量安全事故信息；乳品质量安全重大事故信息由省级以上人民政府卫生主管部门公布。

第五十二条　有关监督管理部门发现奶畜养殖者、生鲜乳收购者、乳制品生产企业和销售者涉嫌犯罪的，应当及时移送公安机关立案侦查。

第五十三条　任何单位和个人有权向畜牧兽医、卫生、质量监督、工商行政管理、食品药品监督等部门举报乳品生产经营中的违法行为。畜牧兽医、卫生、质量监督、工商行政管理、食品药品监督等部门应当公布本单位的电子邮件地址和举报电话；对接到的举报，应当完整地记录、保存。

接到举报的部门对属于本部门职责范围内的事项，应当及时依法处理，对于实名举报，应当及时答复；对不属于本部门职责范围内的事项，应当及时移交有权处理的部门，有权处理的部门应当立即处理，不得推诿。

第七章　法律责任

第五十四条　生鲜乳收购者、乳制品生产企业在生鲜乳收购、乳制品生产过程中，加入非食品用化学物质或者其他可能危害人体健康的物质，依照刑法第一百四十四条的规定，构成犯罪的，依法追究刑事责任，并由发证机关吊销许可证照；尚不构成犯罪的，由畜牧兽医主管部门、质量监督部门依据各自职责没收违法所得和违法生产的乳品，以及相关的工具、设备等物品，并处违法乳品货值金额15倍以上30倍以下罚款，由发证机关吊销许可证照。

第五十五条　生产、销售不符合乳品质量安全国家标准的乳品，依照刑法第一百四十三条的规定，构成犯罪的，依法追究刑事责任，并由发证机关吊销许可证照；尚不构成犯罪的，由畜牧兽医主管部门、质量监督部门、工商行政管理部门依据各自职责没收违法所得、违法乳品和相关的工具、设备等物品，并处违法乳品货值金额10倍以上20倍以下罚款，由发证机关吊销许可证照。

第五十六条　乳制品生产企业违反本条例第三十六条的规定，对不符合乳品质量安全国家标准、存在危害人体健康和生命安全或者可能危害婴幼儿身体健康和生长发育的乳制品，不停止生产、不召回的，由质量监督部门责令停止生产、召回；拒不停止生产、拒不召回的，没收其违法所得、违法乳制品和相关的工具、设备等物品，并处违法乳制品货值金额15倍以上30倍以下罚款，由发证机关吊销许可证照。

第五十七条　乳制品销售者违反本条例第四十二条的规定，对不符合乳品质量安全国家标准、存在危害人体健康和生命安全或者可能危害婴幼儿身体健康和生长发育的乳制品，不停止销售、不追回的，由工商行政管理部门责令停止销售、追回；拒不停止销售、拒不追回的，没收其违法所得、违法乳制品和相关的工具、设备等物品，并处违法乳制品货值金额15倍以上30倍以下罚款，由发证机关吊销许可证照。

第五十八条　违反本条例规定，在婴幼儿奶粉生产过程中，加入非食品用化学物质或其他可能危害人体健康的物质的，或者生产、销售的婴幼儿奶粉营养成分不足、不符合乳品质量安全国家标准的，依照本条例规定，从重处罚。

第五十九条　奶畜养殖者、生鲜乳收购者、乳制品生产企业和销售者在发生乳品质量安全事故后未报告、处置的，由畜牧兽医、质量监督、工商行政管理、食品药品监督等部门依据各自职责，责令改正，给予警告；毁灭有关证据的，责令停产停业，并处10万元以上20万元以下罚款；造成严重后果的，由发证机关吊销许可证照；构成犯罪的，依法追究刑事责任。

第六十条　有下列情形之一的，由县级以上地方人民政府畜牧兽医主管部门没收违法所得、违法收购的生鲜乳和相关的设备、设施等物品，并处违法乳品货值金额5倍以上10倍以下罚款；有许可证照的，由发证机关吊销许可证照：

（一）未取得生鲜乳收购许可证收购生鲜乳的；

（二）生鲜乳收购站取得生鲜乳收购许可证后，不再符合许可条件继续从事生鲜乳收购的；

（三）生鲜乳收购站收购本条例第二十四条规定禁止收购的生鲜乳的。

第六十一条　乳制品生产企业和销售者未取得许可证，或者取得许可证后不按照法定条件、法定要求从事生产销售活动的，由县级以上地方质量监督部门、工商行政管理部门依照《国务院关于加强食品等产品安全监督管理的特别规定》等法律、行政法规的规定处罚。

第六十二条　畜牧兽医、卫生、质量监督、工商行政管理等部门，不履行本条例规定职责、造成后果的，或者滥用职权、有其他渎职行为的，由监察机关或者任免机关对其主要负责人、直接负责的主管人员和其他直接责任人员给予记大过或者降级的处分；造成严重后果的，给予撤职或者开除的处分；构成犯罪的，依法追究刑事责任。

第八章　附　　则

第六十三条　草原牧区放牧饲养的奶畜所产的生鲜乳收购办法，由所在省、自治区、直辖市人民政府参照本条例另行制定。

第六十四条　本条例自公布之日起施行。

第四章
生鲜农副产品的收购

第一节　蔬菜水果收购检验

蔬菜是农村商号主要收购项目。它的质量优劣好坏，主要包括以下几个方面的内容：

一、稚（嫩）与老

一般来说，按成熟期收获的蔬菜是最适口的，符合要求的。未到成熟期收获的，如小白菜、苋菜、油菜、蕹菜、丝瓜等，会因稚嫩而更为鲜美嫩滑；而大菜（大芥菜）、大白菜则会因期限未到而不能“包心”，质量下降，不合要求；南瓜及芋头之类则由于未成熟而肉稚嫩失去香味。相反超越期限收获，一般叶菜类都会因老化粗硬而不嫩滑，质量降低，而南瓜芋头等恰恰相反，老了更香。

二、大与小

潮汕有句俗语：“大鱼细菜”。意思是说大鱼肉多而鲜美，菜小因稚嫩而滑爽。其实这句话也有片面性，上面说的有些菜因未成熟而味道差、质量低，这是一方面；另一方面，有的蔬菜是由于土壤差、肥料不足或管理不善而长不大的，因此从现象看是“细菜”，其实不是稚嫩，而是太老了。

三、品种

同一种菜由于品种不同而优劣相差甚远。如薄瓣大白菜胜于厚瓣大白菜；尖瓣芥蓝胜于圆瓣芥蓝；凤尾春菜与竹仔种菜花（花椰菜）远胜于其他的品种。所以品种也关系到质量。还有与土质相关的产地以及上市时令季节等问题，都关系到蔬菜质量问题。

但鉴别蔬菜质量好坏最重要、最根本的是蔬菜是否新鲜与新鲜程度。因为它关系到蔬菜的营养价值是否还保存以及菜肴的烹制效果问题。

四、把握蔬菜质量

（一）菜叶

新鲜蔬菜的菜叶一般都硬挺鲜脆，色泽青翠，光洁泽润，显得水分饱满，生机勃勃。有些刚采割的果、菜，如芥蓝、黄瓜、丝瓜等，叶面或果实上仍保存一层淡薄粉膜，一看就知道刚从菜园采摘来的。若菜叶有些柔软，光泽度降低，显得含水量不足，说明新鲜度已下降。如果菜叶萎垂，干枯，甚至有些叶沿已有发黄现象，或有虫咬得破损痕迹，菜已不新鲜，即使菜贩在叶上泼水，也令人一看就知道是“做了手脚”的菜。

（二）表皮

新鲜菜的表皮一般是保持其固有状貌，完美无缺，无论是否经过水洗，是否夹带沙泥，都是坚实脆嫩，显示含水量饱满的鲜润特色。若表皮干燥、开裂或打皱甚至变色，有虫咬迹，则表明蔬菜已不够新鲜了。

（三）形态

新鲜蔬菜保持原来形态，平放、直竖、倒挂，状貌不变，茎硬叶挺。不新鲜的会产生萎缩、变形等现象。如叶菜不新鲜，直竖即倒垂，不成形体；平放则失去原有枝茎的支撑作用，粘贴在一起。有的根菜、果菜因久放出现裂块、斑点或变为枯黄色，逐渐变质。

1. 大白菜

大白菜又叫结球白菜，是我国的特产。在北方地区，大白菜是一种种一季吃半年的蔬菜，在整个蔬菜生产和供应中都占有重要位置。

按照大白菜成熟的早晚，可将其分成早熟、中熟、晚熟3种。

早熟种：棵较小，叶片色淡黄叶肉薄，纤维含量少，味淡汁多，品质中等。

中熟种：棵较大，叶片厚实。

晚熟种：棵大，叶片肥厚，组织紧密，韧性大，不易受伤，耐贮藏，品质好。根据上市时间的早晚，大白菜又可分为贩白菜和窖白菜，对两者的质量要求有所差别。

贩白菜：贩白菜属于早熟品种的白口菜。其特点是叶白嫩而宽大、包头、实心，含水量大，不耐贮藏。因此收获后需及时上市出售，故名贩白菜。贩白菜的农家品种有翻心白、翻心黄、拧心白、抱头白等。

良质：色泽鲜爽，外表干爽无泥；外形整齐，大小均匀；包心紧实，用手握捏时手感坚实；根削平、无黄叶、枯老叶、烂叶；心部不腐烂，无机械伤，无病虫害。

次质：包心紧实，用手握有充实感；根削平、无烂叶、无病虫害、菜心不腐烂；外形不整齐，大小不等或有少量损伤。整理得不干净，有泥土或带黄叶、枯叶、老叶。

劣质：包心不实，手握时菜内有空虚感；外形不整洁，有机械伤；根部有泥土或有黄叶、老叶、烂叶；有病虫害或菜心腐烂。

窖白菜：窖白菜多为中、晚熟品种的青帮菜。其特点是包心实、叶色绿、耐贮藏。其主要品种有小青口、大青口、青白口，核桃纹、抱头青、拧心青等，曾是北方地区冬春供应的主要蔬菜。

良质：叶色深绿，表面干爽无泥；根削平，无黄叶、烂叶，允许保留4～5片较老的绿色外叶，外形整齐，棵体大小均匀；无软腐病，无虫害，无机械伤，菜心不失水、干缩。

次质：叶色深绿，干爽；根削平，无烂叶；无软腐病、无虫害、无机械伤，菜心不干；仅是外观不整洁，棵体大小不匀或带有泥土、黄叶等。

劣质：包心不实，成熟度在“八成心”（八成熟）以下；外形不整，大小不一；根部有泥土，菜体有黄叶、烂叶；外叶有软腐病或机械伤。

成熟度要求：窖白菜的成熟度达到“八成心”即可；“心口”过紧（充分成熟）反而不利于贮藏。

水分含量要求：菜体鲜嫩或经过适当晾晒。晾晒的目的是使外叶（菜帮）散失掉一定的水分，使组织变软，这样可以减少机械损伤，有利于贮藏。但晾晒要适度，当菜棵直立时，外叶垂而不折。

2. 甘蓝

这里是指结球甘蓝，又叫洋白菜、圆白菜、大头菜、卷心菜等。它也是北方寒冷地区的主要菜种之一，在全年蔬菜供应上占有重要位置，尤其是在解决蔬菜淡季供应方面起着很大调节作用。

普通甘蓝按照叶球的形状可分3类：

尖头类型：叶球小而尖，近似牛心形，内茎长，中肋粗，品质中等，多为早熟小型品种。主要品种有小牛心，大牛心等。

圆头类型：叶球呈圆球状，浅绿色，球形圆滑整齐，包心实，品质好，单球重0.5～1.5千克。多为早熟或中熟的中型品种。

平头类型：叶球为扁圆球状，体型大，结球紧实，单球重1.5千克以上，多为晚熟的大、中型品种。

良质：叶球干爽，鲜嫩而有光泽；结球紧实、均匀，不破裂、不抽苔、无机械伤；球面干净，无病虫害，无枯烂叶，可带有3～4片外包青叶。

次质：结球不紧实，不新鲜或失水萎蔫；外包叶变黄或有少量虫咬叶。

劣质：叶球爆裂或抽苔，有机械伤或外包叶腐烂；病虫害严重，有虫粪。

3. 菠菜

菠菜又叫赤根菜、鹦鹉菜，因其原产波斯，所以又叫波斯菜。菠菜品质柔嫩，营养丰富，耐寒力甚强，是北方春秋两季补充蔬菜淡季供应的主要品类之一，经速冻冷藏后也可供应春节的细菜需求。

菠菜根据叶形分为圆叶菠菜和尖叶菠菜两种类型。尖叶菠菜叶片狭而薄，似箭形，叶面光滑，叶柄细长；圆叶菠菜叶片大而厚，多萎缩，呈卵圆形或椭圆形，叶柄短粗，品质好。

良质：色泽鲜嫩翠绿，无枯黄叶和花斑叶；植株健壮，整齐而不断，捆扎成捆；根上无泥，捆内无杂物；不抽苔，无烂叶。

次质：色泽暗淡，叶子软塌，不鲜嫩；根上有泥，捆内有杂物；植株不完整，有损伤折断。

劣质：抽苔开花，不洁净，有虫害叶及霜霉叶；有枯黄叶和烂叶。

4. 葱

葱原产亚洲西部，在我国栽培历史悠久，是北方人喜食的“三辣”蔬菜之一，也是日常生活中必备的调味佳品。葱的叶子鲜美，葱白质地细密，柔嫩洁白，味辛辣而芳香，生食与熟食皆宜。

（1）小葱。

良质：叶色青绿，无枯尖和干枯霉烂的叶梢，不失水；葱株均匀，完整而不折断，扎成捆；干净无泥，无夹杂异物，无斑点叶及枯霉叶。

次质：粗细不均匀，有折断或损伤；有枯尖，葱体不干净，夹杂泥土。

劣质：叶子萎蔫，叶梢干枯；有葳黄叶、斑点叶及霉烂叶。

（2）大葱。

大葱因上市时间不同而分鲜葱和干葱两种。鲜葱是秋季收获即上市的葱，干葱是经贮藏后冬季上市的葱。

良质鲜葱：新鲜青绿，无枯、焦、烂叶；葱株粗壮匀称、硬实，无折断，扎成捆；葱白长，管状叶短；干净，无泥无水，根部不腐烂。

次质鲜葱：葱株粗细高矮都不均匀，葱白较短；根茎上端松软，葱心空而不充实。

劣质鲜葱：葱株细小，有枯、焦、烂叶；根茎有腐烂现象，有折断或损伤。

良质干葱：葱株粗壮均匀，无折断破裂；叶干燥，不霉烂，不抽新叶；葱白无冻害，不腐烂。

次质干葱：葱株不均匀，叶潮湿而不干燥，有霉叶，有新叶抽出，但茎杆较为充实。

劣质干葱：葱株小，叶霉烂；受冻害并有腐烂现象。新叶抽出，茎心松软。

5. 大蒜

大蒜的营养丰富，具有特殊的香辛气味，它还含有大蒜素，具有强大的杀菌力。大蒜头和蒜苗、蒜苔均可供人食用。

(1) 蒜苗。

良质：叶片鲜嫩青绿（蒜黄为嫩黄色）；根茎长且白嫩；株棵完整粗壮，无折断；叶片不干枯、无斑点；蒜苗干净而无泥土。

次质：叶片松软萎蔫，但无估叶；棵较纤细，较短；蒜苗不洁净，有泥沙。

劣质：叶片干枯，带有斑点；株棵不完整，有折断损伤；有烂株或烂叶。

(2) 蒜苔（蒜心、蒜毫）。

良质：色泽青绿脆嫩，干爽无水；苔梗粗壮而均匀，柔软且基部不老化；苔苞小，不膨大；不带叶鞘，无划苔，无斑点；无病虫害，不腐烂。

次质：苔梗粗细、长短不整齐；有划苔或苔梗上有小斑点，苔梗基部发白出现老化。

劣质：苔梗变黄，基部萎缩；苔苞开始膨大，苔梗发糠；腐烂发霉。

(3) 蒜头。

良质：蒜头大小均匀，蒜皮完整而不开裂；蒜瓣饱满，无干枯与腐烂；蒜身干爽无泥，不带须根；无病虫害，不出芽。

次质：蒜头大小不均匀，蒜瓣小，蒜皮破裂，不完整。

劣质：蒜皮破裂，蒜瓣不完整，有虫蛀；蒜瓣干枯失水或发芽，变软、发黄、有异味。

6. 花椰菜

花椰菜又叫花菜、菜花，是甘蓝的一个变种，原产欧洲。花椰菜供食用的花球和嫩茎部分营养丰富，尤其维生素 C 含量较高；粗纤维含量少，质嫩适口，味道清淡，容易消化，尤适于老人、孩子、病人食用。

良质：花球洁白、脆嫩，色泽好；花球紧实，握之有重量感，无茸毛，可带 4 ~ 5 片嫩叶；菜形端正，近似圆形或扁圆形，无机械损伤；球面干净，无玷污，无虫害，无霉斑。

次质：花球色泽不洁，球面中央淡黄色或黄色；花球上有霉斑，占整个花球面积的1/10 ~ 3/10；花球不端正，有少许机械伤。

劣质：花球松散，花梗伸长有散花；花球失水萎蔫，外包叶变黄；花球上霉斑较多，占花球的 3/10 ~ 5/10。

7. 黄瓜

黄瓜营养丰富，脆嫩多汁，一年四季都可以生产和供应，是瓜类和蔬菜类中重要的常见品种。

良质：鲜嫩带白霜，以顶花带刺为最佳；瓜体直，均匀整齐，无折断损伤；皮薄肉厚，清香爽脆，无苦味，无病虫害。

次质：瓜身弯曲而粗细不均匀，但无畸形瓜；或是瓜身萎蔫不新鲜。

劣质：色泽为黄色或近于黄色；瓜呈畸形，有大肚、尖嘴、蜂腰等；有苦味或肉质发糠；瓜身上有病斑或烂点。

8. 马铃薯

马铃薯又叫山药蛋、土豆、洋芋等。

优质：薯块肥大而匀称，皮脆薄而干净，不带毛根和泥土；无干疤和粗糙皮，无病薯；无虫咬和机械外伤；不萎蔫、不变软，无发酵酒精气味；薯块不发芽，不变绿。

次质：与良者相比较，薯块大小不均匀，带有毛根或泥土；混杂有少量带疤痕、虫蛀或机械伤的薯块。

劣质：薯块小而不均匀；有损伤或虫蛀孔洞；薯块萎蔫、变软、发芽或变绿；混有较多的虫害，伤残；有腐烂气味。

9. 姜

姜又叫生姜或鲜姜。姜可分成片姜、黄姜和红爪姜三种。片姜外皮呈白色而光滑，肉黄色，辣味强，有香味，水分少，耐贮藏。黄姜外皮呈淡黄色，肉质致密且呈鲜黄色，芽不带红，辣味强。红爪姜皮为淡黄色，芽为淡红色，肉呈蜡黄色，纤维少，辣味强，品质佳。

优质：姜块完整、丰满、结实、无损伤；辣味强，无姜腐病；不带枯苗和泥土；无焦皮，表皮不皱缩；没有黑心、糠心现象，不烂芽。

次质：姜块不完整，较干瘪而不丰满，表面皱缩；带须根和泥土。

劣质：有姜腐病或烂芽，有黑心、糠心，芽已萌发。

10. 萝卜

（1）春小萝卜：为长圆柱形的小型萝卜，多于早春风障阳畦或春露地中栽培，春末夏初上市。小萝卜的肉为白色，质细，脆嫩，水分多，皮色分红白两种。上市时多带缨出售。

良质：色泽鲜嫩；大小均匀，捆扎成把，不带须根；肉质松脆，不提苔，不糠心；不带苦味、没有烂叶。

次质：色泽鲜嫩，肉质松脆；不抽苔，不糠心；大小不均匀，混扎成捆；有黄叶、枯叶。

劣质：大小不均匀；抽苔或糠心；有黄叶、烂叶；弹击时有弹性和空洞感。

（2）秋大萝卜：多为大型或中型种，这类萝卜品质好，耐贮藏，用途多，为萝卜生产中最重要的一类。

良质：色泽鲜嫩，肉质松脆多汁；肉质根粗壮，大小均匀，饱满而无损伤，表皮光滑而不开裂；不糠心，不空心、不黑心；无泥沙，无病虫害；弹击时有实心感觉。

次质：肉质松脆多汁，不糠心、不空心、不黑心；无外伤和病虫害；大小不均匀，形状不匀称，表皮粗糙但不开裂。

劣质：大小不均，有损伤；表皮粗糙，有开裂；肉质棉软，可见糠心；弹击时有空心感或弹性。

（3）胡萝卜。在我国，胡萝卜的品质以山东、江苏、浙江、湖北和云南诸省种植者为最佳。

良质：表皮光滑，色泽橙黄或红色而鲜艳；体形粗细整齐，大小均匀一致，不分叉，不开裂；中心柱细小，其粗度不宜大于肉质根的1/4；质脆、味甜；无泥土、伤口、病虫害。

次质：质脆、味甜、中心柱小；粗壮但不整齐，大小不均；无泥、伤口，不开裂，无病虫害；表皮粗糙，皮目（凹陷的小点痕迹）较大。

劣质：萝卜体形细小，大小不一；青皮、粗糙，有分叉、伤口或开裂；带有明显的病虫害；中心柱大，趋于木质化。

11. 番茄

番茄又叫番柿、西红柿、洋柿子，也有人称之为火柿子、红茄等。

优质：表面光滑，着色均匀，有3/4变成红色或黄色；果实大而均匀饱满，果形圆正，不破裂，只允许果肩上部有轻微的环状裂痕或放射性裂痕；果肉充实，味道酸甜适口；无筋腐病、脐腐病、日烧病和虫害。

次质：果实着色不均或发青，成熟度不好；果实变形而不圆整，呈桃形或长椭圆形；果肉不饱满，有空洞。

劣质：果实有不规则的痕状突起（瘤状果）或果脐处、果皮处开裂（脐裂果）；果实破裂，有异味；有筋腐、脐腐等病害或虫蛀孔洞。

12. 甜椒

优质：同一品种，果形、色泽良好，生长充实，果面清洁、新鲜、整齐。薄皮甜椒不可与厚皮甜椒相混淆，甜椒不可与辣椒相混淆。果实发育到应有的正常形态，只允许有轻微的弯曲、凹陷、畸形；无腐烂、异味、灼伤、冻伤、疤痕、病虫害和机械伤。

次质：果形发育到较正常的形状，其弯曲、凹陷、畸形未达到不正常状态；绿色或深绿色比较正常；生长充实，果面较清洁、新鲜、整齐。无腐烂，异味、灼伤、冻伤、病虫害，可有轻微的疤痕、机械伤。

劣质：果形发育没有过分弯曲、凹陷、畸形，品种色泽尚属正常；生长较充实，无皱缩、软烂现象；果面没有泥土、脏斑、药迹等；果实不萎蔫；无腐烂、异味、灼伤、冻伤、病虫害，无严重的疤痕、机械伤等。

13. 食用菌

（1）颜色。

有毒蘑：颜色鲜艳，常呈红、绿、黄色，菇中央呈凸起状，菌伞常带有杂色斑点，表面有丝状物或小块的残渣或鳞片，基部多呈红色。

无毒蘑：颜色都不鲜艳，大多数是白色或棕黑色的，菇干较平，伞面光滑并带丝光。

（2）分泌物。

有毒蘑：菇盖或受伤部位常分泌出粘稠浓厚液体，有赤褐色乳汁，有辛辣等异味，菇盖撕裂后容易变色。

无毒蘑：一般较为干燥，折断后分泌出的液体为白色，有特殊香味，菇盖撕裂后一般不变色。

（3）外观形态。

有毒蘑：伞柄上有菇轮，且容易折断，下部有菇托，根部生有囊胞，伞柄很难用手撕开。另外，蘑菇外观比较丑陋，生得奇形怪状者，如茎杆细长或粗长、菇面厚实板硬，像喇叭、像人头、像雨伞等，即使色泽正常，也多属有毒蘑。

无毒蘑：伞柄上无菇轮，下部无菇托，伞柄易用手撕开。

除蔬菜之外，水果是农村商品外销的另一大项，下面列举几种主要水果质量指标以供收购双方参考。

五、苹果

（一）一类苹果

表面色泽：色泽均匀而鲜艳，表面洁净光亮，红者艳如珊瑚、玛瑙，青者黄里透出微红。

气味与滋味：具有各自品种固有的清香味，肉质香甜鲜脆，味美可口。

外观形态：个头以中上等大小且均匀一致为佳，无病虫害，无外伤。

（二）二类苹果

表面色泽：如“青香蕉”的色泽是青色透出微黄，“黄元帅”色泽为金黄色。

气味与滋味：“青香蕉”表现为清香鲜甜，滋味以清心解渴的舒适感为主。“黄元帅”气味醇香扑鼻，滋味酸甜适度，果肉细腻而多汁，香润可口，给人以新鲜开胃的感觉。

外观形态：个头以中等大小且均匀一致为佳，无虫害，无外伤，无锈斑。

（三）三类苹果

表面色泽：这类苹果色泽不一，但具有光泽，洁净。

气味与滋味：具有本品种的香气，如“国光”滋味酸甜稍淡，吃起来清脆。

外观形态：个头以中上等大，均匀一致为佳，无虫害，无锈斑，无外伤。

（四）四类苹果

表面色泽：这类苹果色泽鲜红，有光泽，洁净。

气味与滋味：具有本品种的香气，但这类苹果纤维素较高，质量较粗糙，甜度和酸度低，口味差。

外观形态：一般果形较大。

六、桃

桃子的质量主要取决于品种和采摘成熟度。早熟的品种肉嫩，味酸，不能剥皮；中熟品种有硬肉桃，也有水蜜桃，有甜有酸，但糖分和汁液往往不及晚熟桃。晚熟桃大多为名种，味甜汁多，富有香气，皮易剥离，品质最好。

1. 外型：果体大，形状端正，外皮无伤、无虫蛀斑；果色鲜亮，成熟时果皮多为黄白色，顶端和向阳面微红。

2. 手感过硬的一般是尚未成熟的；过软的为过熟桃；肉质极易下陷的已腐烂变质。

3. 果味：果肉白净，肉质细嫩，果汁多，甜味浓并有该品种桃特色的为上品。

七、梨

良质梨新鲜饱满，果形端正，因各品种不同而呈青、黄、月白等颜色，成熟适度（八成熟），肉质细，质地脆而鲜嫩，汁多，味甜或酸甜（因品种而异），无霉烂，冻伤、病灾害和机械伤。大型果（莱阳梨、雪花梨）果实横径65～90毫米，中型果（鸭梨、长把梨）果实横径60毫米以上，小型果（秋白梨）果实横径55毫米以上，并且各品种的优质梨果大小都比较均匀适中，带有果柄。

次质或劣质梨果型不端正，有相当数量的畸形果，无果柄，果实大小不均匀且果个偏小，表面粗糙不洁，刺、划、碰、压伤痕较多，有病斑或虫咬伤口，树磨，水锈或干疤已占果面1/3～1/2，果肉粗而质地差，石细胞大而多，汁液少，味道淡薄或过酸，有的还会存在苦、涩等滋味。特别劣质的梨还可嗅到腐烂异味。

八、香蕉

良质香蕉形状完整，无缺口和脱落现象。

果个：体形大而均匀。

果色：色泽新鲜、光亮。果皮呈鲜黄或青黄色。

果面：果面光滑，无病斑，无虫疤，无霉菌，无创伤。果皮易剥离，果肉稍硬而不摊浆。

口感：果肉柔软糯滑，香甜适口，不涩口，无怪味，不软烂。

次质香蕉果实细窄而不丰满，果形一般，单只蕉体直而细，无托柄，蕉梳上脱只不整。

果个：果个小而不均，每公斤都在25只以上。

果色：色泽青暗，果皮呈青绿色或发黑。

果面：果皮不光洁、不整齐，有病虫害或机械伤口，有霉斑。果皮极易剥离，果肉摊软呈腐烂状，成熟度不够的果皮不易剥离。

口感：果肉硬挺或软烂，涩味重，无香味。

手感：用手捏蕉体，可感到果实肉硬或软陷。

劣质香蕉果实畸形，蕉只脱梳，单只蕉体短小而细瘦，形体大小不均，果皮霉烂，手捏时果皮下陷，果肉软烂或腐烂，稀松外流。无香味，有怪异味和腐臭味。

九、柑橘

柑橘类果品中经济价值较高的有柑、橘、甜橙、柚、柠檬、金桔等。以下仅就这六类水果的感官特点分别作介绍。

柑：其感官特点是外观果形较橘子大，且近似于球形，皮为橙黄色，皮质粗厚、表面凹凸不平而且不易剥开，枯络较多，瓤汁多而味甜。

橘：其感官特点是，果型小而较扁，皮呈米红色或橙黄色，皮质细薄，较平滑且无坚硬感，瓣与皮容易剥离，果心不实，枯络较少，滋味酸甜，核尖而细。我国以温州蜜橘为上品。

甜橙：又名广柑。其感官特点是果形中等，呈圆形成长圆形，皮稍厚而光滑润泽，皮与果肉结合较紧，难以剥离，果心无实。核与种均呈白色（这一点和皮的光滑程度是外部区别甜橙与柑的主要依据），果肉汁多，瓤瓣界限不分明，味酸甜适口，耐储藏。在我国以红江橙为上品。

柚：又名文旦。其感官特点是果形较大，呈不规则圆球或梨形，似葫芦状，皮质粗糙而肥厚（可达 1 厘米），皮与肉难以分离，成熟时多为黄色或橙色，肉质有白色和粉红色两种，核大而多，汁液少，味酸甜，有时也会稍带苦味，极耐储藏。在我国以沙田柚为上品。

柠檬：其感官特点是个头中等，果形椭圆，两端均突起而稍尖，似橄榄球状。皮肉难以剥离，成熟者皮色鲜黄，具有浓郁的香气，汁液较酸，主要供冲调饮料时调味用，也可用来提取芳香油和柠檬酸。

金桔：其感官特征是形体小，稍呈椭圆，果实个头与核桃相仿，肉质紧密，与外皮不易剥离，一般都带皮食用，核少或无核，颜色由表到里均为橙黄或金黄色，味酸甜，口感细脆，脉络极少，带有柑桔类特有的清香味。

十、葡萄

葡萄的品种很多，我国现有500种以上，市场上常见的品种有龙眼葡萄、巨丰葡萄、玫瑰香葡萄、牛奶葡萄、玫瑰露葡萄等。在对葡萄进行感官鉴别时，必须着重以下几个方面：

葡萄的气味、滋味：品质好的葡萄，果浆多而浓，味甜，且有玫瑰香或草莓香，品质差的葡萄果汁少或者汁多而味淡，无香气，具有明显的酸味。

葡萄的果穗观察：新鲜的葡萄用手轻轻提起时，果粒牢固，落子较少。如果粒纷纷脱落，则表明葡萄不够新鲜。

葡萄的果粒形态：新鲜并且成熟适度的葡萄，果粒饱满，大小均匀，青子和瘪子较少。反之不新鲜者果粒不整齐，有较多青子和瘪子混杂，葡萄成熟度不足，品质差。

葡萄的表面色泽：新鲜的葡萄果梗青鲜，如“玫瑰香”葡萄果皮呈紫红色，牛奶葡萄果皮向阳面呈锈色，龙眼葡萄果皮呈琥珀色。不新鲜的葡萄果梗霉锈，果粉残缺，果皮呈青棕色或灰黑色，果面润湿。

十一、枣

成熟、新鲜的枣，皮色紫红，颗粒饱满且有光泽。选购鲜枣，宜选八成熟的品尝，口感松脆香甜的为优质枣，皮色青绿且无光泽者多为生枣，口感不甜且涩。皮色红中带锈条、斑点的枣，说明其已经存放较长时间。捂红的鲜枣，缺乏光泽且发暗，不够甜脆。表皮过湿或有大小不同的烂斑，属于浇过水的枣，不宜久存。缺少水分或有绵软感的枣属于次等枣。

十二、西瓜

劣质西瓜瓜体不整，瓜皮渐蔫，花纹不明，瓜面破损，手拍有“啪啪”声或“嗒嗒”声，瓜瓤呈粉色，口感极差，有腐烂臭味或其他异味。

次质西瓜果形稍差或畸形，个头大小不整齐，相差悬殊，果色发污发暗，花纹不清晰，有干疤、轻度虫眼或磕伤。籽粒和粗纤维多，汁液少，缺少香甜味，虽清香但味淡薄。

良质西瓜果形基本端正，具有本品种的基本形状和特征，无畸形果。果个中等偏大，整齐均匀。果面光亮，条纹清晰。无机械伤，无病虫害和干疤，蜡粉已褪去，果柄上茸毛脱落，脐部凹陷。

果肉结构松紧适度，呈均匀一致的鲜红色（也有橙黄色果肉的品种）。有清香的滋味，无异味。汁多籽少，无粗纤维，好瓜有“起沙”的感觉，香甜适度。

十三、菠萝

目前世界上的菠萝品种可归纳为皇后种、卡因种、西班牙种、爪哇种和杂交种 5 大类。其中以美国的无刺卡因（又称沙捞越）为最佳。感官鉴别菠萝品质的优劣可以依据下列特点进行。

外观形态：果呈圆柱形或两头稍尖的卵圆形，果实大小均匀适中，果形端正，牙眼（果目）数量少；成熟度好的菠萝外表皮呈淡黄色或亮黄色，两端略带青绿色，上顶的冠芽呈青褐色；生菠萝则外皮色泽铁青或略有褐色，过度成熟的菠萝通体金黄。

果肉组织：切开后，良质菠萝的果目浅而小，内部呈淡黄色组织致密，果肉厚而果芯细小；劣质菠萝果目深而多，有的果目可深达菠萝芯，内部组织空隙大，果肉薄而果芯粗大；成熟度差的菠萝表现为果肉脆硬且呈白色。用手轻轻按压菠萝体，坚硬而无弹性的是生菠萝，挺括而微软的是成熟度好的，过陷甚至凹陷者为成熟过度的菠萝。

嗅闻香味：成熟度好的菠萝外皮上稍能闻到香味，果肉则香气馥郁；生菠萝无香气或香气极为淡薄。

品尝口味：良质菠萝软硬适度，酸甜适口，果芯小而纤维少，汁多味美；劣质菠萝果肉脆硬，有粗纤维感或者软烂，可食部分少，汁液、甜味和香气均少，有较浓重的酸味。

第二节　水产收购检验

一、新鲜鱼

鱼类的品质检验应根据鱼鳞、鱼腮、鱼眼的状态，鱼肉的松紧程度，鱼皮上和腮中所分泌的黏液量、黏液的外形和气味及鱼肉横断面的色泽来判定。

鱼腮的状态。完全新鲜的鱼，鱼腮的色泽鲜红或粉红，鳃盖紧闭，粘液较少呈透明状，没有臭味。鱼腮呈灰色或苍灰色的为不新鲜的鱼，如呈灰白色、有粘液污物则为腐败的鱼。

鱼眼的状态。新鲜的鱼眼澄清透明，并且很完整，向外稍稍凸出，周围没有充血而发红的现象。不新鲜的鱼眼则多少有点塌陷，色泽灰暗，有时由于内部溢血而发红。腐败的鱼眼球破裂，并移动位置。

鱼的表皮和肌肉组织的状态。新鲜鱼的表皮上粘液较少，体表清洁，鱼鳞紧密完整而有光泽，鱼皮未变更其原有的弹性，用手压入的凹陷随即平复。鱼的肛门周围呈一圆坑形，硬实发白，肚腹不膨胀。

新鲜度较低的鱼，粘液量增多，透明度下降，鱼背较软，苍白色，用手压之，其凹陷处不能立即平复，失去弹性，鱼鳞松弛，层次不明显且有脱片，没有光泽，肛门也较突出，同时肠内充满因细菌活动而产生的气体，肚腹膨胀，有臭味。

新鲜鱼肉的组织紧密而有弹性，肋骨与脊骨处的鱼肉组织很结实。不新鲜的鱼肉，肉质松软，用手拉之极易脱离脊骨与肋骨。肌肉有霉味、酸味，有些地方有腐败现象。

以上是新鲜鱼的品质检验，其他还有活鱼、冰冻鱼的检验。

活鱼以在水中游动活泼，对外界的刺激有敏锐的反应，身体各部分如口、眼、鳃、鳞、鳍应完整无残缺或无害病的品质为好。

冰冻的鱼体应当是坚硬的，在硬物敲击时能发出清晰的响声，其温度应在零下 6 ~ 8 摄氏度。鱼体解冻后的品质指标与鲜鱼相同。

二、咸鱼

鉴别咸鱼首先应观察鱼的体表是否因脂肪氧化而形成有黄色锈斑，或因嗜盐性细菌的作用而引起鱼体发红。当用手触及鱼体时，是否有发粘和腐败现象。其次看鱼的鳃内、肛门和腹腔等处有无蛆虫。对于一般凉晒的咸鱼，观其鱼肉是否正常，肉与骨骼结合的是否紧密。也可用两个手指捻搓鱼肉，检验其肉质的坚实程度，嗅其气味是否正常。

如果鱼体外表不清洁，不整齐，肉质酥松，表层覆盖黄色锈斑，手触鱼体发粘，手指捻搓肉丝成团，并有腐败的臭气，特别是在鳃内、肛门等处，有跳跃虫、节虫存在，就不能要了。

三、虾

虾可分为海鲜品（对虾、白虾、龙虾、红虾、毛虾）和淡水鲜品（沼虾、草虾），市场上多见的有对虾、沼虾。

新鲜的虾色泽正常，体表有光泽，背面为黄色，体两侧和腹面为白色，一般雌虾为青白色，雄虾为蛋黄色。通常雌虾大于雄虾。新鲜的虾虾体完整，头尾紧密相连，虾壳与虾肉紧贴，当用手触摸时，感觉硬有弹性。如果虾体变黄并失去光泽，或虾身节间出现黑腰，头与体、壳与肉连接松懈、分离、弹性较差的则为次品。虾体瘫软如泥、脱壳、体色黑紫，有异臭味的为变质虾。

沼虾（别名青虾）生活在湖泊、池塘内。质量好的沼虾，虾体呈青绿色，有光泽，外壳清晰透明；头体连接得很紧密；肌肉为青白色，肉质细密；尾节伸屈性较强。质次的沼虾，色呈灰白，透明度较差；头体连接松，易脱离，尾节伸屈性差。变质虾，虾体瘫软，变色、变味的都不能食用。

此外，海虾中的白虾又名晃虾、迎春虾、江秃。除鲜食外，还可加工成海米。这种海米有“金钩”的美称。红虾又名红长臂虾、桃花虾、花虾，其肉坚实、发脆，除鲜食外也可晒制成海米，它享有“银钩”的美称。

四、蟹

蟹分海蟹、河蟹两类。因性别和季节的不同，蟹的挑选方法也有差别。

（一）海蟹

海蟹的学名称三疣梭子蟹，也叫乙蟹、海虫，主要产于渤海一带。这种蟹三四月份最肥，此时是购海蟹的最佳季节。蟹又因雌蟹黄多，雄蟹黄少，所以人们多喜欢选购雌蟹。雌雄蟹的识别是雄蟹腹部呈三角形，雌蟹腹部呈圆形并有硬毛，是用来附着卵粒的。雄蟹头胸甲的背面为蓝绿色，雌蟹的头胸甲背面为深紫色。质量好的海蟹背壳为清褐或微带紫色，纹理清晰，有光泽，脐上无胃印，蟹足内部洁白、完整；蟹壳两端的壳尖（针尖）无损伤，提起有重实感，手指按胸甲两侧感到壳肉坚实；提起蟹体时，其前足不松弛下垂，腿关节有弹性，其前足和壳连接紧密。如果提蟹时感到轻飘，腿、钳与体连接松懈易掉的为次质蟹。

（二）河蟹

河蟹也称中华绒螯蟹、河虫、螃蟹、江蟹、糊蟹等。其中，天津市胜芳镇赵北口和江苏省的阳澄湖的清水大闸蟹最为有名。购买河蟹最佳时间是在立秋前后。雄蟹为减脐，雌蟹为团脐。选购河蟹的方法与海蟹相似，以爬行快，蟹螯夹力大，毛顺，腿完整，个体大而饱满，蟹壳为青绿色、有光泽，嘴中不断吐泡的为佳。

五、生鲜鱼类装运容器

到目前为止，鲜鱼的装运容器，尚未能满足鲜鱼的全部防护要求和标准化规定的要求。新鲜鱼类回收使用的装运容器，必须满足下列各项要求：

1. 容器的尺寸、重量和容量应符合国家有关标准的要求。

2. 强度高，重量轻，当装满鲜鱼和冰块后，能承受规定的重量，搬运方便。

3. 具有良好的隔热性能，以减轻被包装物受温度的影响。空的容器便于套叠，以节省空间，节约运费，也便于堆码，而且堆栈后稳固不倒，便于叉车搬运和托盘装运。

4. 容器顶盖应开有排水槽，以便及时排除箱中流出的融化水、鱼血和粘液等液体。容器表面应卫生，干净平整，不得有大的缝隙和凸边，以免集聚灰尘和污垢，而且便于清洗和消除污染。

5. 容器本身的重量要稳定，不论是温的或是干的，重量应该相同。容器的造型应美观。搬运时尽量不因箱体引起噪音。如果损伤，也应便于修复。其平均使用寿命应达到五年。

6. 具有适当的容量。容器的底部应有底脚，避免容器直接接触地面，受到高温和地面的污染。容器侧面的表面结构应能防止在冷冻温度下相邻容器互相粘连，难以分开。

虽然，容器的材料、尺寸和卫生条件尚未达到标准化，但根据实验应用经验，对于装运鲜鱼的容器，除上述要求外，还提出以下具体建议：

1. 鱼箱的深度不宜大于30.5厘米，以免将底层鲜鱼压坏。

2. 鱼箱装鱼后的总重量不应超过68千克，以便于两人搬运连续作业。

3. 鱼箱的外形最好是长方形的，而且侧面尽量减少凸出的翻边。这样堆码时稳固牢靠，当渔船激烈摇幌时也不会倒垛。

4. 鱼箱的材料强度应能承受16层鱼箱的堆码压力，虽受强烈振动也不易损坏，散装的冰镇鲜鱼是采用木箱由铁路运输的。近年来，逐渐采用较轻便的包装容器，甚至，为了缩短运输时间，鲜鱼也有空运的，不过运费很高。防潮纸箱，比木箱还轻，便于印刷，成本也低，而且隔热性能好。多数的防潮纸箱都经过涂蜡和防漏处理。为了进一步改善其防护性能，箱内可衬垫一层隔热材料，如聚苯乙烯泡沫塑料板。根据季节和运输距离的远近不同，可采用不同结构的防潮纸箱。例如，在严寒的冬天，可以不用衬垫聚苯乙烯泡沫塑料板；采用防潮纸箱和泡沫塑料衬里的包装，只需要少量的冰块冷却就够了。

另一种鲜鱼的包装形式是采用发泡聚苯乙烯的容器。这种容器的重量非常轻，且具有优异的隔热性能。容器的盖子是滑动式的，既安全而又便于堆码。

为了将新鲜的产品尽快地运往市场，也采取了空运。而这就更加要求包装的轻量化和较完善的包装容器。看来，空运是新鲜产品为达到快速周转所采取的必要措施。

具有保湿度强的瓦楞纸箱取代了一部分的木箱。瓦楞纸箱较之木箱，具有印刷性好、成本低、保温性好以及轻便等优点。多数的鲜鱼包装用的纸箱，都经过防潮和防漏处理。更完善防护效果的纸箱内侧衬垫一层隔热的材料（如聚苯乙烯泡沫塑料板）。如果流通环境的温度很低，则可免用隔热（保温）层。隔热性能良好的纸箱，所消耗的冰块也较少。其他形式的鱼箱是整体式的聚苯乙烯泡沫塑料箱。箱体更轻，具有优异的隔热性能。有的结构采取滑动式盖子以及各种不同的封盖结构。

目前，用作鱼箱的材料主要有木材、铝合金、塑料和纤维板。这四类容器是多次性使用的。

（1）木箱。木箱由木板钉制而成。板材厚度一般在 12. 7 ~ 15. 8 厘米。木箱侧面有横档，箱底有二三根垫木，以增强木箱的强度并防止木箱底部直接接触地板。木板表面一般不经过精刨加工，比较粗糙。为了加固，有的在箱端用铁丝或门形钉锁住。箱的两头端板开孔或钉上木块，以便手提搬运。20 世纪 50 年代以后，由于木箱作为鱼类产品周转装运容器存在着一些缺点，已逐渐被其他材料所代替。

木箱的优点：成本较低，便于修复；可在港口附近加工制造以节省运费；临时急需，随时可以大量供应。

木箱的缺点：清洗困难；气味不好；使用寿命短，需要经常性维修；容易吸水，寄生细菌；由于吸水，增加木箱重量，浪费人力搬运，并容易造成重量误差；容易刮伤人体；木箱装满鱼并堆码以后，上层木箱的鱼汁、鱼血和粘液流淌到下层木箱中去，使下层木箱中的产品受到污染；空箱不便套叠，周转使用浪费运费。

（2）铝合金鱼箱。通常采用耐盐水腐蚀的铝合金制造。有的是冲压加工，有的是由单片组合的。组合式鱼箱有用焊接工艺的，也有的是铆接组合的。铆接结构由于缝隙较多而容易积蓄灰尘污物。箱板有凸支架，以提高刚度和抗弯，顶部边缘采取翻楞结构，并设有排水槽。这种铝合金鱼箱，空箱可以套叠，可节省空间。一般的使用寿命可达 8 ~ 10 年。

铝箱的优点：从使用寿命核算，成本并不算高；便于焊接修复；便于清洗，没有异味；作为食品包装容器，美观干净；铝箱装满鱼后，堆码稳当；轻巧，搬运方便；重量稳定不变。

铝箱的缺点：如果清洗不当，容易腐蚀并隐藏细菌；搬动时噪音太大，特别是空箱互相碰撞，噪音更大；隔热性能差，容易将外界的高温导给产品，加速其腐变速度，猛烈冲击时，易从边角处开裂。

（3）塑料鱼箱。当前应用的塑料鱼箱，多数是由高密度聚乙烯塑料注塑成型制成的。因为高密度聚乙烯塑料的低温冲击韧性比聚丙烯的好，也具有足够的刚度。塑料鱼箱的生产主要是注塑模具成本的限制，除非产量很大，否则因模具投资太大而不好轻易改型。

塑料鱼箱的优点：如果生产批量很大，成本并不太高，而且使用寿命一般可达 6 ~ 7 年；便于清洗，无异味；外观整洁美观；重量轻，便于搬运；不吸水，重量稳定；装满产品时堆栈稳当，空箱可以套叠，节省空间；隔热性能优于铝箱；便于设置排水槽；底部可直接同时制出底脚或横条，便于叉车搬运和安装托盘运输；搬运时噪音很小；能适应－40℃低温冷藏而不脆裂。

塑料鱼箱的缺点：如果清洗不当，白色塑料鱼箱逐渐变黄，影响外观，所以，可加人适当的颜料；粗鲁装卸时，边角容易开裂，而且表面容易刮伤；如果少量生产，塑料箱的成本较高。

（4）纤维板箱。纤维板箱由硬质纤维板制成。板的两面复合以牛皮纸。牛皮纸是与聚乙烯薄膜复合的，以改善其防水性能。纤维板心部也含有憎水剂（或疏水剂），因此吸水率很低。板的厚度依箱的大小而异，小箱的板厚约为2厘米，大箱的板厚为2.16厘米左右。箱底开有排水孔。装满产品后，箱子的腰部用捆扎带或腰子捆扎。多数的纤维板箱的防水性能，纤维板事先经过聚乙烯涂塑或涂蜡处理。印刷应在涂塑之前进行。

纤维板箱有时采用瓦楞纤维板制成，同样也是防水的。不论何种类型的纤维板箱，都应严格制质量，通常是按照纸制品的检测方法进行控制。例如，纤维板浸水一昼夜以后进行缪仑强度等指针的测定。

包装熏制鱼产品用的纤维板箱，可无须要求高度的防水性能，产品事先用羊皮纸或聚乙烯薄膜纸裹包，然后装箱，中以达到防潮和防油效果。有的纤维板箱，既可用以包装冷冻鱼类，也可用来包装熏制鱼产品。聚乙烯涂塑的纤维板箱，在国外用比较广泛。

上述鲜鱼装运容器多数属于多次性使用的，其使用寿命达5～10年不等。这类容器适用于铁路运输和公路运输。有的为了避免鱼汁和冰水的污染而采用一次性包装容器，不再回收使用。联邦德国“Flechtenmacher”采用一种外包装可反复使用而内包装是一次性的鲜鱼包装结构。内包装不漏水，可以包含融化的冰水和鱼汁，或者在内包装容器底部衬垫吸水衬片材料（纤维质或泡沫塑料，以吸收冰水和鱼汁）。

目前，有些国家正在试验并开发新型的一次性包装容器，主要有以下几种类型：

1. 聚苯乙烯泡沫塑料箱，箱内用木架增强。鲜鱼和冰块放在木架上，融化的冰水和鱼汁顺木架四边的缺口流到箱底（贮存在箱底），不致于污染鲜鱼。箱的外部尺寸为600厘米×400厘米×480厘米，容积为52L，底部能容纳12.5L融化的冰水。泡沫塑料板的厚度为25厘米。

2. 聚苯乙烯泡沫塑料箱，外面套一层纸箱，用以保护泡沫塑料箱在运输中免于破损。箱中不带木架。有时为了增强纸箱，可在纸箱与塑料箱之间衬垫木架。

3. 防水可折叠纸箱，箱板中夹一层聚酯泡沫塑料或纤维质材料。箱内底部有一木格架，既可提高纸箱的强度，又可增强箱子的承载能力。同时，水格架还能透过冰水和鱼汁。这种箱的外部尺寸为600厘米×400厘米×350厘米。箱板的厚度为2.5厘米和4厘米两种。

4. 外层是轻型的塑料箱，里面套一层聚苯乙烯泡沫塑料箱。泡沫塑料箱底有漏水孔，使融化的冰水和鱼汁流到相底。而且，漏水孔设有活门，防止在搬运时塑料箱倾斜，底部的血水倒流到上部，造成污染。箱子外面用两道腰子捆扎。箱子外部尺寸为640厘米×350厘米×390厘米。容积为43升，底部可容纳14升冰水。泡沫塑料板厚度为20~25厘米。这种箱子的成本较高，适用于名贵鱼类的空运包装。

5. 底、盖结构相同的聚苯乙烯泡沫塑料箱，用于装运预包装的新鲜鱼类，从鱼类加工厂运往超市场。鲜鱼采用聚苯乙烯小盘包装，再用热收缩薄膜裹包，或连同鲜鱼和小盘一起装入小塑料袋。每件小包装重量为226～340克。每箱可容纳40件。箱盖和底的内部分别固定安放两袋（聚乙烯塑料袋）冰块。冰块重量与鱼的重量相当。这种塑料箱已在英国普遍应用。

在丹麦，运往超级市场的预包装鲜鱼，是采用纸箱装运的。每件小包装（聚苯乙烯小盘）包装鲜鱼400克，每只纸箱容纳25件。箱中安放200克干冰，以保证冷却的需要。

美国渔业研究机构开发了涂蜡的和聚乙烯涂塑的瓦楞纸箱，既防水，又防漏，用于陆运（公路运输和铁路运输）和空运新鲜鱼类的包装。每箱可包装45千克左右的鲜鱼。箱底衬垫纤维质吸水材料。箱外用铁腰子或塑料腰子捆扎。如果运输距离较长，可在箱内衬垫一层泡沫聚苯乙烯或聚氨醋泡沫塑料板作为隔热层，同时在箱内上、下部安放冰块或干冰。

上述几种纸箱从成本上虽然比木板条箱高一倍，但是它对生鲜鱼类的保护更为完善，能适应各种运输形式的要求。保证产品质量，也意味着最大的节约。木板箱的成本虽然是低，但是木箱笨重，吸水量大，容易寄存和生长霉菌，漏水，生鲜鱼类易受污染，这些缺点是不容易解决的。因此，各种新型的泡沫塑料箱和纸箱仍有很大的发展潜力。

第三节　苗木、山货产品收购检验

一、苗木

（一）苗木质量标准

1. 植株健壮苗干通直圆满，规格要求一致，枝条茁壮，组织充实，木质化程度高。乔木树主干明确；花灌木分枝均匀；绿篱个体上下一致，下部不脱裸；球形苗木枝叶茂密。

2. 根系发达而完整，乔木树种苗木主根达到30厘米，有较多的侧根和须根，根系无劈裂。

3. 具有完整健壮的顶芽。

4. 苗木无机械损伤，无病虫害，不失水，有旺盛的生命力。

5. 苗木必须为圃地栽植苗。如发现是窖藏或假植苗木一律不予验收。

（二）苗木包装与运输要求

1. 速生杨、毛白杨、垂柳、馒头柳、火炬、紫叶小檗、迎春、丁香每10株（或根据情况）苗木扎成一捆，根部要求沾浆。

2. 河南桧、桧伯球、红花洋槐、均带土球，土球长、宽、高均不小于30厘米，并用细绳包扎。木槿、黄杨球、珍珠梅、金银木、金叶女贞、大叶黄杨要求根部备带原土并用塑料袋或其他包装袋包扎根部。

3. 紫穗槐每50株扎成一捆，根部要求沾浆。

4. 苗木运输途中，必须采取保湿、降温和通风措施，严防日晒。根据苗木规格确定运输量，苗木装卸时应轻拿轻放，不得损伤苗木或造成散球。

（三）苗木检验

1. 苗木规格检验

（1）地径或胸径用游标卡尺或特制的工具测量；植株高和根系长用钢卷尺或木制直尺测量，读数精确到1厘米。

（2）苗高：自地径至顶芽基部。

（3）根系长度：垂直根为从地径至主根末端；水平根为根幅半径。

（4）土球包装：以钢卷尺或木制直尺测量包装体积，读数精确到1厘米。

2. 苗木品种纯度检验

以苗木成活后三个月的检验为准。

3. 苗木数量检验

以施工人员实际清点数量为准。

4. 苗木质量检验

苗木质量检验包括对苗木根、径、干、顶芽和木质化程度的检验，按下表要求进行随机抽样。

验收结果要现场人员填制“验收单”，认真保存，以备查证，验收单也是结账的依据。

二、山货

（一）蘑菇

优质：伞面呈白色，洁净无泥沙粘嵌痕迹，菌褶呈淡黄色，紧密均匀，肉质厚，大小基本一致，盖面突起，菌伞完整内卷，菌柄短而粗壮，手感硬实，嗅之清香味浓郁。

劣质：伞面呈灰白色，纹丝较稀，菌褶灰褐色，若伞面为灰褐色或黑褐色质地最差，肉质薄，手感软，口味差，香气不纯，有杂草气味。

蘑菇分为野生蕈和人工培植蕈两类。野生蘑菇种类较多，因地理环境、气候条件、生长位置不同，形态和品种也有所不同。目前人工培植蘑菇的种类日渐增多，市场上深受欢迎的有香菇、平菇、凤尾菇、金针菇等。

良质蘑菇：具有正常食用菌菇的商品外形；色泽与其品种相适应；气味正常，无异味；品种单纯，大小一致，不得混杂有非食用菌、腐败变质菌和虫蛀菌株。

次质蘑菇：具有正常食用菌菇的商品外形；色泽与其品种相

适应；气味正常；品种不纯，大小不一致，混杂有其他品种；蕈盖或蕈柄有虫蛀痕迹。

劣质蘑菇：不具备正常食用菌类的商品外形，或者食用菌株的商品外形有严重缺陷，色泽与其品种不一致，品种不纯，混有非食用菌及腐败变质、虫蛀等菌体，甚至有掺杂的菌株、菌柄、菌盖等物；碎乱不堪，并有杂质。

（二）香菇

香菇：正常的香菇体圆齐整，菌伞肥厚，盖面平滑，质干不碎；手捏菌柄有坚硬感，放开后菌伞随即膨松如故；色泽黄褐，菌伞下面的褶褶紧密细白，菌柄短而粗壮；远闻有香气，无焦片、雨淋片、霉变片、虫蛀片和碎屑。

花菇：伞面上有似菊花样的白色裂纹，色泽黄褐光润；菌伞厚实，边缘下卷，菌裥细密均匀，身干、杂小柄短（菌伞直径2~3厘米）；香气浓郁。

厚菇：伞面无花纹，呈栗色，略有光泽；肉厚质嫩，朵稍大，边缘破裂较多。

平菇：平顶，呈浅褐色，好的平菇片大，菌伞较厚，伞面边缘完整，破裂口较少，菌裥白色或浅黄色，裥褶均匀，菌柄较短。

优质：黄褐色或黑褐色，伞面有微霜，个大均匀，菇身圆整，菇柄短粗，菇褶紧密细白，肉厚，干燥，香味浓郁，无焦味，少碎屑。

劣质：呈黑色或火黄色，菇身薄，发潮，松软，有白色霉花，香味差。

（三）黑木耳

优质：朵面乌黑、有光泽，朵背呈灰白色或暗灰色，朵形大而均匀，耳瓣舒展，体轻，呈半透明状，有弹性，清香气，1千克可发5千克左右（5倍）。

劣质：浅黑色或灰褐色，朵形小而不均，耳瓣卷曲，体重，无弹性，手感柔软。假黑木耳为棕褐色，有白色附着物，质地发酥，易潮、带粘性，组织纹理不清，有甜、苦、咸异味。5克的吸水量小于50ml，一般掺入硫酸镁等可用化学方法鉴别。可取其1～2ml滤液，加镁试剂2～3滴，加6倍当量NaOH，生成蓝色则证明有镁离子“MG++”存在。

黑木耳由于生长环境不同、采收季节不同和晾晒程度不同，会形成5种次品耳。其品种特征如下：

1. 拳耳：因在阴雨多湿季节晾晒不及时所形成的，在翻晒时互相粘裹所致的拳头状木耳。

2. 流耳：在高温、高湿条件下，采收不及时而形成的色泽较浅的薄片状木耳。

3. 流失耳：因高温、高湿导致木耳胶质溢出，肉质破坏而失去商品价值的木耳。

4. 虫蛀耳：被虫蛀食而形成的残缺不全的木耳。

5. 霉烂耳：木耳保管不善，被潮气侵蚀后形成结块发霉变质的木耳。

木耳质量感官鉴别要求如下：

良质：耳面黑褐色有光亮感，耳背呈暗灰色，不混有拳耳、流耳、流失耳、虫蛀耳、霉烂耳；朵片完整，不能通过直径2厘米的筛眼；耳片厚度1毫米以上；杂质含量不得超过0.3%。

次质：耳面黑褐色有光亮感，耳背呈暗灰色，不混有拳耳、流耳、流失耳、虫蛀耳、霉烂耳；朵片基本完整，不能通过直径1厘米的筛眼；耳片厚度在0.7毫米以上；杂质含量不超过0.5%。

劣质：耳片色泽多为黑褐色至浅棕色；拳耳不得超过1%，

流耳不得超过0.5%，不得混有流失耳、虫蛀耳、霉烂耳；朵片小，状成碎片，不能通过直径0.4厘米的筛眼；耳片厚度0.7毫米以下，杂质含量不得超过1%。

（1）外观与色泽鉴别。正常木耳呈褐色或黑色，平滑，外面为淡褐色，而且有柔软短毛，组织纹理清晰，干品呈松散状。

掺假木耳：内外颜色均灰暗，质地酥，易潮解，组织纹理不清晰，干品结团。

（2）手感鉴别。正常木耳被置于掌心掂量，应感到木耳体轻柔和。

掺假木耳则感到扎手且发沉。同一重量，掺假的比未掺假的数量明显减少。

（3）口味鉴别。正常木耳用手指捏少许，用舌轻舔，没有异味。有异味的则说明掺了假。掺盐的发咸，掺糖的发甜，掺矾的发涩，掺卤的发苦，挂锅底灰的有烟油味，掺沙的则有硌牙感。

（4）泡发鉴别。正常木耳浸泡后胀发性很强，色泽较淡，肉质肥厚，弹性强，表面有润湿的粘液，品尝有独特的香味。

掺假木耳则胀发性很弱，肉质软而无力，弹性差（甚至无弹性），并可能有糟烂现象。

（四）银耳

银耳又称白木耳，素有“菌中之冠”的称号，它含有17种氨基酸和多种维生素及肝糖，是一种营养价值很高、很珍贵的胶质食用菌和药用菌。它不仅是席间珍品，而且在祖国医学中也是一味久负盛名的良药。

良质银耳：干燥，色泽洁白；肉厚而朵整，圆形伞盖直径3厘米以上；无蒂头，无杂质。

次质银耳：干燥，色白而略带米黄色；整朵，肉略薄，圆形伞盖直径1.3厘米以上；无蒂头，无杂质。

劣质银耳：米黄色略偏白；整朵，朵形不正，肉薄而有斑点，不干燥；带蒂头，有杂质，伞盖直径在1.3厘米以下。

银耳虽是传统美味，又是滋补佳品，可它一旦变质，就会放出致毒物——酵米面黄杆菌毒类，因此必须注意鉴别。

1. 外观鉴别：变质银耳色泽暗黄，朵形不全、呈残状，蒂头不干净、有黑斑或杂质（如果银耳花朵呈黄色，也可能是下雨或受潮后烘干的，营养价值不受影响，但商品价值降一等）。

2. 触摸鉴别：变质银耳不干燥，手摸有潮湿感。

3. 气味与滋味鉴别：银耳受潮会发霉变质，能闻到酸味或其他异味；变质银耳口感有辣味。

4. 泡水鉴别：好银耳泡入温水后，体积迅速膨大5~10倍，而变质银耳水泡后，体积不甚增大。如发现水泡后有银耳解体散开现象，则表明该银耳是用碎小银耳粘合而成的。

（五）黄花菜

优质：菜色黄亮，身长粗壮，紧握手感柔软有弹性，松开后很快散开，有清香味，无花蒂未开花。

劣质：黄褐无光泽，短瘦弯曲，长短不匀，紧握质地坚硬易折断，松开后不能很快散开，若有粘手感则表明已霉烂，有霉味或烟味。

（六）大料

优质：色泽棕红，鲜艳有光，朵大均匀、呈八角形，骨朵饱满干裂、香气浓郁，破碎和脱壳籽不超过10%。

劣质：呈黑褐色，骨朵瘦瘪，边缝开裂不足，朵形不完整，碎粒多，握在手中感觉阴凉，香气淡薄。

假大料：主要是形似大料的莽草籽冒充，其特征是红色或红棕色，果皮薄，骨朵果较多的为 10 ~ 13 枚聚合果，香气有松脂味，舌有麻感、味淡，有毒。其次野八角骨朵果为 10 ~ 14 枚，灰棕色或灰棕褐色，果皮薄，口尝味淡，舌有麻感。

第五章
农村商品收购标准与政策

第一节　农产品质量标准

《中华人民共和国农产品质量安全法》

第一章　总　　则

第一条　为保障农产品质量安全，维护公众健康，促进农业和农村经济发展，制定本法。

第二条　本法所称农产品，是指来源于农业的初级产品，即在农业活动中获得的植物、动物、微生物及其产品。

本法所称农产品质量安全，是指农产品质量符合保障人的健康、安全的要求。

第三条　县级以上人民政府农业行政主管部门负责农产品质量安全的监督管理工作；县级以上人民政府有关部门按照职责分工，负责农产品质量安全的有关工作。

第四条　县级以上人民政府应当将农产品质量安全管理工作纳入本级国民经济和社会发展规划，并安排农产品质量安全经费，用于开展农产品质量安全工作。

第五条　县级以上地方人民政府统一领导、协调本行政区域内的农产品质量安全工作，并采取措施，建立健全农产品质量安全服务体系，提高农产品质量安全水平。

第六条 国务院农业行政主管部门应当设立由有关方面专家组成的农产品质量安全风险评估专家委员会，对可能影响农产品质量安全的潜在危害进行风险分析和评估。

国务院农业行政主管部门应当根据农产品质量安全风险评估结果采取相应的管理措施，并将农产品质量安全风险评估结果及时通报国务院有关部门。

第七条 国务院农业行政主管部门和省、自治区、直辖市人民政府农业行政主管部门应当按照职责权限，发布有关农产品质量安全状况信息。

第八条 国家引导、推广农产品标准化生产，鼓励和支持生产优质农产品，禁止生产、销售不符合国家规定的农产品质量安全标准的农产品。

第九条 国家支持农产品质量安全科学技术研究，推行科学的质量安全管理方法，推广先进安全的生产技术。

第十条 各级人民政府及有关部门应当加强农产品质量安全知识的宣传，提高公众的农产品质量安全意识，引导农产品生产者、销售者加强质量安全管理，保障农产品消费安全。

第二章 农产品质量安全标准

第十一条 国家建立健全农产品质量安全标准体系。农产品质量安全标准是强制性的技术规范。

农产品质量安全标准的制定和发布，依照有关法律、行政法规的规定执行。

第十二条 制定农产品质量安全标准应当充分考虑农产品质量安全风险评估结果，并听取农产品生产者、销售者和消费者的意见，保障消费安全。

第十三条　农产品质量安全标准应当根据科学技术发展水平以及农产品质量安全的需要，及时修订。

第十四条　农产品质量安全标准由农业行政主管部门商有关部门组织实施。

第三章　农产品产地

第十五条　县级以上地方人民政府农业行政主管部门按照保障农产品质量安全的要求，根据农产品品种特性和生产区域大气、土壤、水体中有毒有害物质状况等因素，认为不适宜特定农产品生产的，提出禁止生产的区域，报本级人民政府批准后公布。具体办法由国务院农业行政主管部门商国务院环境保护行政主管部门制定。

农产品禁止生产区域的调整，依照前款规定的程序办理。

第十六条　县级以上人民政府应当采取措施，加强农产品基地建设，改善农产品的生产条件。

县级以上人民政府农业行政主管部门应当采取措施，推进保障农产品质量安全的标准化生产综合示范区、示范农场、养殖小区和无规定动植物疫病区的建设。

第十七条　禁止在有毒有害物质超过规定标准的区域生产、捕捞、采集食用农产品和建立农产品生产基地。

第十八条　禁止违反法律、法规的规定向农产品产地排放或者倾倒废水、废气、固体废物或者其他有毒有害物质。

农业生产用水和用作肥料的固体废物，应当符合国家规定的标准。

第十九条　农产品生产者应当合理使用化肥、农药、兽药、农用薄膜等化工产品，防止对农产品产地造成污染。

第四章 农产品生产

第二十条 国务院农业行政主管部门和省、自治区、直辖市人民政府农业行政主管部门应当制定保障农产品质量安全的生产技术要求和操作规程。县级以上人民政府农业行政主管部门应当加强对农产品生产的指导。

第二十一条 对可能影响农产品质量安全的农药、兽药、饲料和饲料添加剂、肥料、兽医器械，依照有关法律、行政法规的规定实行许可制度。

国务院农业行政主管部门和省、自治区、直辖市人民政府农业行政主管部门应当定期对可能危及农产品质量安全的农药、兽药、饲料和饲料添加剂、肥料等农业投入品进行监督抽查，并公布抽查结果。

第二十二条 县级以上人民政府农业行政主管部门应当加强对农业投入品使用的管理和指导，建立健全农业投入品的安全使用制度。

第二十三条 农业科研教育机构和农业技术推广机构应当加强对农产品生产者质量安全知识和技能的培训。

第二十四条 农产品生产企业和农民专业合作经济组织应当建立农产品生产记录，如实记载下列事项：

（一）使用农业投入品的名称、来源、用法、用量和使用、停用的日期；

（二）动物疫病、植物病虫草害的发生和防治情况；

（三）收获、屠宰或者捕捞的日期。

农产品生产记录应当保存二年。禁止伪造农产品生产记录。

国家鼓励其他农产品生产者建立农产品生产记录。

第二十五条 农产品生产者应当按照法律、行政法规和国务院农业行政主管部门的规定，合理使用农业投入品，严格执行农业投入品使用安全间隔期或者休药期的规定，防止危及农产品质量安全。

禁止在农产品生产过程中使用国家明令禁止使用的农业投入品。

第二十六条　农产品生产企业和农民专业合作经济组织，应当自行或者委托检测机构对农产品质量安全状况进行检测；经检测不符合农产品质量安全标准的农产品，不得销售。

第二十七条　农民专业合作经济组织和农产品行业协会对其成员应当及时提供生产技术服务，建立农产品质量安全管理制度，健全农产品质量安全控制体系，加强自律管理。

第五章　农产品包装和标识

第二十八条　农产品生产企业、农民专业合作经济组织以及从事农产品收购的单位或者个人销售的农产品，按照规定应当包装或者附加标识的，须经包装或者附加标识后方可销售。包装物或者标识上应当按照规定标明产品的品名、产地、生产者、生产日期、保质期、产品质量等级等内容；使用添加剂的，还应当按照规定标明添加剂的名称。具体办法由国务院农业行政主管部门制定。

第二十九条　农产品在包装、保鲜、贮存、运输中所使用的保鲜剂、防腐剂、添加剂等材料，应当符合国家有关强制性的技术规范。

第三十条　属于农业转基因生物的农产品，应当按照农业转基因生物安全管理的有关规定进行标识。

第三十一条　依法需要实施检疫的动植物及其产品，应当附具检疫合格标志、检疫合格证明。

第三十二条　销售的农产品必须符合农产品质量安全标准，生产者可以申请使用无公害农产品标志。农产品质量符合国家规定的有关优质农产品标准的，生产者可以申请使用相应的农产品质量标志。

禁止冒用前款规定的农产品质量标志。

第六章　监督检查

第三十三条　有下列情形之一的农产品，不得销售：

（一）含有国家禁止使用的农药、兽药或者其他化学物质的；

（二）农药、兽药等化学物质残留或者含有的重金属等有毒有害物质不符合农产品质量安全标准的；

（三）含有的致病性寄生虫、微生物或者生物毒素不符合农产品质量安全标准的；

（四）使用的保鲜剂、防腐剂、添加剂等材料不符合国家有关强制性的技术规范的；

（五）其他不符合农产品质量安全标准的。

第三十四条　国家建立农产品质量安全监测制度。县级以上人民政府农业行政主管部门应当按照保障农产品质量安全的要求，制定并组织实施农产品质量安全监测计划，对生产中或者市场上销售的农产品进行监督抽查。监督抽查结果由国务院农业行政主管部门或者省、自治区、直辖市人民政府农业行政主管部门按照权限予以公布。

监督抽查检测应当委托符合本法第三十五条规定条件的农产品质量安全检测机构进行，不得向被抽查人收取费用，抽取的样品不得超过国务院农业行政主管部门规定的数量。上级农业行政主管部门监督抽查的农产品，下级农业行政主管部门不得另行重复抽查。

第三十五条　农产品质量安全检测应当充分利用现有的符合条件的检测机构。

从事农产品质量安全检测的机构，必须具备相应的检测条件和能力，由省级以上人民政府农业行政主管部门或者其授权的部门考核合格。具体办法由国务院农业行政主管部门制定。

农产品质量安全检测机构应当依法经计量认证合格。

第三十六条　农产品生产者、销售者对监督抽查检测结果有异议的，可以自收到检测结果之日起五日内，向组织实施农产品质量安全监督抽查的农业行政主管部门或者其上级农业行政主管部门申请复检。

采用国务院农业行政主管部门会同有关部门认定的快速检测方法进行农产品质量安全监督抽查检测，被抽查人对检测结果有异议的，可以自收到检测结果时起四小时内申请复检。复检不得采用快速检测方法。

因检测结果错误给当事人造成损害的，依法承担赔偿责任。

第三十七条　农产品批发市场应当设立或者委托农产品质量安全检测机构，对进场销售的农产品质量安全状况进行抽查检测；发现不符合农产品质量安全标准的，应当要求销售者立即停止销售，并向农业行政主管部门报告。

农产品销售企业对其销售的农产品，应当建立健全进货检查验收制度；经查验不符合农产品质量安全标准的，不得销售。

第三十八条　国家鼓励单位和个人对农产品质量安全进行社会监督。任何单位和个人都有权对违反本法的行为进行检举、揭发和控告。有关部门收到相关的检举、揭发和控告后，应当及时处理。

第三十九条　县级以上人民政府农业行政主管部门在农产品

质量安全监督检查中，可以对生产、销售的农产品进行现场检查，调查了解农产品质量安全的有关情况，查阅、复制与农产品质量安全有关的记录和其他资料；对经检测不符合农产品质量安全标准的农产品，有权查封、扣押。

第四十条　发生农产品质量安全事故时，有关单位和个人应当采取控制措施，及时向所在地乡级人民政府和县级人民政府农业行政主管部门报告；收到报告的机关应当及时处理并报上一级人民政府和有关部门。发生重大农产品质量安全事故时，农业行政主管部门应当及时通报同级食品药品监督管理部门。

第四十一条　县级以上人民政府农业行政主管部门在农产品质量安全监督管理中，发现有本法第三十三条所列情形之一的农产品，应当按照农产品质量安全责任追究制度的要求，查明责任人，依法予以处理或者提出处理建议。

第四十二条　进口的农产品必须按照国家规定的农产品质量安全标准进行检验；尚未制定有关农产品质量安全标准的，应当依法及时制定，未制定之前，可以参照国家有关部门指定的国外有关标准进行检验。

第七章　法律责任

第四十三条　农产品质量安全监督管理人员不依法履行监督职责，或者滥用职权的，依法给予行政处分。

第四十四条　农产品质量安全检测机构伪造检测结果的，责令改正，没收违法所得，并处五万元以上十万元以下罚款，对直接负责的主管人员和其他直接责任人员处一万元以上五万元以下罚款；情节严重的，撤销其检测资格；造成损害的，依法承担赔偿责任。

农产品质量安全检测机构出具检测结果不实，造成损害的，依法承担赔偿责任；造成重大损害的，并撤销其检测资格。

第四十五条　违反法律、法规规定，向农产品产地排放或者倾倒废水、废气、固体废物或者其他有毒有害物质的，依照有关环境保护法律、法规的规定处罚；造成损害的，依法承担赔偿责任。

第四十六条　使用农业投入品违反法律、行政法规和国务院农业行政主管部门的规定的，依照有关法律、行政法规的规定处罚。

第四十七条　农产品生产企业、农民专业合作经济组织未建立或者未按照规定保存农产品生产记录的，或者伪造农产品生产记录的，责令限期改正；逾期不改正的，可以处二千元以下罚款。

第四十八条　违反本法第二十八条规定，销售的农产品未按照规定进行包装、标识的，责令限期改正；逾期不改正的，可以处二千元以下罚款。

第四十九条　有本法第三十三条第四项规定情形，使用的保鲜剂、防腐剂、添加剂等材料不符合国家有关强制性的技术规范的，责令停止销售，对被污染的农产品进行无害化处理，对不能进行无害化处理的予以监督销毁；没收违法所得，并处二千元以上二万元以下罚款。

第五十条　农产品生产企业、农民专业合作经济组织销售的农产品有本法第三十三条第一项至第三项或者第五项所列情形之一的，责令停止销售，追回已经销售的农产品，对违法销售的农产品进行无害化处理或者予以监督销毁；没收违法所得，并处二千元以上二万元以下罚款。

农产品销售企业销售的农产品有前款所列情形的，依照前款规定处理、处罚。

农产品批发市场中销售的农产品有第一款所列情形的，对违法销售的农产品依照第一款规定处理，对农产品销售者依照第一款规定处罚。

农产品批发市场违反本法第三十七条第一款规定的，责令改正，处二千元以上二万元以下罚款。

第五十一条　违反本法第三十二条规定，冒用农产品质量标志的，责令改正，没收违法所得，并处二千元以上二万元以下罚款。

第五十二条　本法第四十四条、第四十七条至第四十九条、第五十条第一款、第四款和第五十一条规定的处理、处罚，由县级以上人民政府农业行政主管部门决定；第五十条第二款、第三款规定的处理、处罚，由工商行政管理部门决定。

法律对行政处罚及处罚机关有其他规定的，从其规定。但是，对同一违法行为不得重复处罚。

第五十三条　违反本法规定，构成犯罪的，依法追究刑事责任。

第五十四条　生产、销售本法第三十三条所列农产品，给消费者造成损害的，依法承担赔偿责任。

农产品批发市场中销售的农产品有前款规定情形的，消费者可以向农产品批发市场要求赔偿；属于生产者、销售者责任的，农产品批发市场有权追偿。消费者也可以直接向农产品生产者、销售者要求赔偿。

第八章　附　　则

第五十五条　生猪屠宰的管理按照国家有关规定执行。

第五十六条　本法自 2006 年 11 月 1 日起施行。

第二节 农产品收购发票抵扣税政策

《中华人民共和国增值税暂行条例》规定，购进免税农产品可以按原价和10%的扣除率计算进项税金，自2002年1月1日起扣除率又提高到13%。农产品增值税进项税额抵扣率提高后，既促进了农业经济的持续稳定发展，又给以农产品为主要原材料的企业提供了良好的发展空间，但却给国税部门增值税的征收与管理带来了很大影响，目前已暴露的一些问题亟待进行研究解决。

由于农产品收购专用发票是由企业自行填开的具有专用发票抵税功能的普通发票，在管理要求上低于增值税其他抵扣凭证，但抵扣税额的作用却与增值税专用发票相同。目前在使用中存在的突出问题主要表现在以下几个方面：

一是扩大收购金额，虚抵进项税额。主要反映在：将应取得而未取得发票的购进货物或劳务金额开具农产品收购专用发票入账；将支付的运输费、装卸费、加工费、交际招待费等费用挤入收购价格；有的甚至虚增收购数量，提高农产品收购发票开具额度，长期挂账或报亏损，一方面扩大抵扣，少缴增值税；另一方面造成虚增成本，少缴所得税。

二是虚构开票日期，调整纳税时间。少部分企业有时因资金困难或为了达到本月少缴税款的目的，在收购农产品时，把开具收购发票的时间提前或推迟，自行调整纳税时间和应纳税额。

三是违规开具发票，难以调查取证。农产品收购发票开具不规范、大面额开具、票货不符、虚构出售人等问题经常发生，且多为现金交易，一方面给税务管理人员的日常管理增加难度；另一方面使税务稽查人员的事后调查取证难以进行。

四是管理制度滞后，缺乏有效措施。目前，对农产品收购专用发票的管理还缺乏一套完整有效的制度和措施。如企业将一般纳税人认定前收购的农产品开具收购发票申报进项税抵扣，对此，税务机关难以核实。同时，对农产品收购发票的日常稽查不到位，处罚力度不够。在日常检查工作中，增值税专用发票的检查往往是每次税收检查的重点，而农产品收购发票却往往被忽视，使得收购发票在管理使用中存在的问题不能及时发现。另外，目前对违法开具农产品收购发票的处罚力度不够，对查出的问题往往作少许罚款了事，不能触动企业的根本利益，引不起企业的足够重视。

针对上述问题，为防范利用农产品收购凭证偷骗税的违法犯罪活动，堵塞征管漏洞，强化增值税管理，国家税务总局于2005年5月27日下发了《国家税务总局关于加强农产品增值税抵扣管理有关问题的通知》（国税函［2005］545号）对有关加强农产品增值税抵扣管理的问题做出了规定。通知主要从以下几个方面加强了农产品增值税抵扣管理：

一是强调税务机关要深入企业，全面掌握和了解有关生产企业的生产经营特点、农产品原料的消耗、采购规律以及纳税申报情况，检查农产品收购凭证的开具情况是否正常，查找征管的薄弱环节，积极采取有针对性的管理措施，堵塞漏洞，切实加强管理。对纳税人发生大宗农产品收购业务的，主管税务机关应派专人深入现场核查，审核该项业务发生的真实性。

二是税务机关应当积极引导和鼓励纳税人通过银行或农村信用社等金融机构支付农产品货款。对采用现金方式结算且支付数额较大的，应作为重点评估对象，防止发生虚假收购行为。

三是加强增值税纳税评估，发现问题的，要及时移交稽查部门处理。

四是加强税务稽查，加强处罚力度。

一、初次领购农产品收购发票需提报下列资料

1. 工商营业执照、税务登记证副本复印件；
2. 开户银行证明复印件；
3. 经营场所和仓储场地的房屋产权或租赁合同复印件；
4. 税务机关认为需要提供的其他资料；
5.《农产品收购发票领用核查情况表》。

二、收购企业申请范例

烟台同德食品有限公司关于领购农产品收购发票的申请

莱山区国家税务局：

烟台同德食品有限公司成立于2003年4月，2005年12月被批准为增值税一般纳税人，注册资本70万美元，生产经营地址位于烟台市莱山区马山工业园纬四路19号，占地面积1.7万平方米，公司主要生产加工各类水产品、果蔬制品、面食产品及冷库经营，同时从大连、秦皇岛、荣城石岛等地区收购鱿鱼、鳕鱼、贻贝、海带等水产品进行深加工，销售的主要渠道是出口澳大利亚等国家，部分内销。目前有职工600人，年生产能力10000吨。

我公司财务室已安装了防盗门、防盗网，购置了保险柜。设财务主管人员一名、出纳一名、办税人员一名，均有财政部门发放的会计从业资格证书，按规定设立总账、明细分类账、水产品购进台账等。逐笔记录水产品的购、销、存情况，入账时附过磅单（磅码单）、检验单、入库单等单证。原材料验收合格后入库付款并开具发票，2006年预计收购水产品150吨，预计收购金

额200万元。预计2006年销售收入3000万元，产品90%以上出口澳大利亚、南非等国家，预计缴纳增值税60万元。

因业务需要申请购买农产品收购发票，我们将严格按照要求规范发票填开，请予以批准为盼。

三、如何规范填写农产品收购业务专用发票

（一）适用范围

农产品收购业务专用发票是收购农、林、牧、渔、水产品的增值税一般纳税人计算增值税进项税额的凭证。在使用中企业一般是按自行收购、自行开具、自行计算进项抵扣的办法操作。

一般纳税人向非农业生产者购进农产品，应按规定取得增值税专用发票或普通发票，否则开具的农产品收购业务专用发票不得计算进项税进行抵扣。

其次，一般纳税人使用农产品收购业务专用发票收购农产品并计算进项税进行抵扣，须经主管税务机关批准。另外，在按规定对象开具农产品收购业务专用发票时，应逐栏逐项填写，防止因项目填写不规范、不合法而影响进项税抵扣。

（二）开票注意问题

1. 在农产品收购业务专用发票抬头“出售人”处应注明出售人的税务登记号，出售人没有办理税务登记的，应注明农业生产者的业务推销员或农业生产者本人的身份证号码，并由收款人签名，否则不得计算进项税进行抵扣。

2. 农产品收购业务专用发票上填开的金额为收购某农业产品时实际支付给农业生产者的价款以及所缴纳的相应农产品特产税，除此价款以外的一切费用不得记入票面金额，否则不得计入进项税进行抵扣。

（三）抵扣申报注意事项

1. 收购单位除向税务机关报送“农产品收购业务专用发票”抵扣联外，还应随同报送“增值税收购业务专用发票抵扣明细表”。税务机关对纳税人申报的有关凭证资料经审核确认后，凭农产品收购业务专用发票上注明的金额依照13%的扣除率计算进项税进行抵扣。

2. 商业企业购进农产品必须在购进的货物付款后才能申报抵扣。

3. 从2005年4月1日所属期起，一般纳税人开具收购发票（包括有抵扣联和无抵扣联）必须通过企业电子报税管理系统采集收购发票信息并生成《收购统一发票清单》，连同其他申报资料每月申报时报送主管税务机关。不按时报送的，不得抵扣进项税额。

第三节　“农超对接”政策

《关于开展农超对接试点工作的通知》

商建发［2008］487号

各省、自治区、直辖市、计划单列市及新疆生产建设兵团商务主管部门、农业厅（局），农委（办）：

为贯彻落实《中共中央国务院关于加强农业基础建设，进一步促进农业发展农民增收的若干意见》（中发［2008］1号）和十七届三中全会精神，探索城市支持农村的有效途径，积极发展农产品现代流通方式，推进鲜活农产品“超市+基地”的供应链模式，引导大型连锁超市直接与鲜活农产品产地的农民专业合作社对接（以下简称“农超对接”），培育大型农产品流通企业与自主品牌，保障城乡居民食品安全，促进农民持续稳定增收，扩大农村消费，推进现代农业和社会主义新农村建设，商务部、农业部决定自2008年起开展“农超对接”试点。现就开展试点工作提出以下意见：

一、充分认识促进鲜活农产品“农超对接”重要意义

随着大型连锁超市和农民专业合作社的快速发展，我国一些地方已经具备了鲜活农产品从产地直接进超市的基本条件。开展鲜活农产品“农超对接”试点，积极探索推动鲜活农产品“农超对接”的有效途径和措施，着力解决当前存在的薄弱环节和突出问题，是减少流通环节、降低农产品流通成本的有效手段，是解决鲜活农产品卖难的根本途径，有利于促进鲜活农产品“农超对接”经营进入良性发展轨道，实现农产品质量从农田到餐桌的全过程控制，提高农产品质量安全水平，对建立农产品现代流通体制、增加农民收入和促进城乡统筹协调发展具有重要的现实意义。地方各级商务、农业行政主管部门要高度重视，树立全局观念，进一步提高认识，统一思想，增强责任感、使命感和紧迫感，增强工作的积极性和主动性，采取有效措施，加大工作力度，推动试点工作顺利开展。

二、开展鲜活农产品“农超对接”试点工作的指导思想、基本原则与主要目标

（一）指导思想

以科学发展观为指导，以发展鲜活农产品“农超对接”经营作为农产品流通体制改革的突破口，以减少农产品流通环节、降低农产品流通成本，保障城乡居民消费安全，增加农民收入，

促进社会主义新农村建设和城乡统筹协调发展为宗旨，按照建立符合中国特色社会主义农产品现代流通体制的总体要求，推进农产品流通现代化，加快形成流通成本低、运行效率高的农产品营销网络。

（二）基本原则

坚持政府引导，市场化运作。以城市大型连锁商业企业为主体，支持连锁商业企业和农民专业合作社发挥网络、信息、配送等优势，建设农产品生产基地，建立新型鲜活农产品供应链。政府给予政策支持。

坚持因地制宜，试点先行。根据不同地区经济发展水平、连锁商业企业实力、城乡居民收入水平等实际情况，采取不同的发展模式稳步推进。在大中型城市选择部分大型连锁商业企业和部分农民专业合作社进行鲜活农产品“农超对接”试点。

坚持贸农结合，以商促农。以大型连锁超市为基础，与农民专业合作社相结合，建立新型农产品流通渠道，贸农结合，以商促农，促进连锁企业产业链的延伸和农产品供应链的整合。

（三）主要目标

到2012年，试点企业鲜活农产品产地直接采购比例达到50%以上，减少流通环节，降低流通费用，并建立从产地到零售终端的鲜活农产品冷链系统。

三、鲜活农产品农超对接试点主体

根据各地推荐的企业情况，经研究，第一批确定山东家家悦超市有限公司、河北保龙仓商业连锁经营有限公司、家乐福（中国）管理咨询服务有限公司、锦江麦德龙现购自运有限公司、江西国光商业连锁有限责任公司、沃尔玛（中国）投资有限公司、上海康成投资（中国）有限公司、华润万家有限公司、中粮集团等9家企业为国家“农超对接”试点企业。下一步根据各地推进情况适时吸纳新的企业参加试点。各省商务主管部门会同农业行政主管部门根据当地情况确定省级农超对接试点企业和产地农民专业合作社。

四、鲜活农产品农超对接试点建设内容

（一）加大鲜活农产品现代流通设施投入

加快应用农产品现代流通技术是鲜活农产品现代流通的根本体现。当前重点是加强鲜活农产品冷藏冷冻设施投入，对部分鲜活农产品试行强制性冷链流通，降低鲜活农产品损耗，保障鲜活农产品质量，同时实现降低连锁超市冷藏冷冻设施投入成本。

（二）增强鲜活农产品加工配送能力

鲜活农产品高效物流配送是鲜活农产品进入市场的重要环节，也是降低鲜活农产品损耗率，提高农产品增加值的重要途径。支持大型连锁商业企业通过新建鲜活农产品配送中心、在现有日用消费品配送中心中增加鲜活农产品配送功能、发展第三方农产品物流配送等多种方式，建立与农产品生产基地规模及零售规模相适应的物流配送体系。

（三）提高鲜活农产品经营信息化水平

连锁商业企业和有条件的专业合作社要强化鲜活农产品信息系统建设，广泛推广数字终端设备、条码技术、电子标签技术、时点销售系统和电子订货系统等，进一步推广品类管理和供应链管理等现代管理技术。通过电子信息技术，以农产品产业链为基础、供应链管理为重点，实现连锁商业企业与农民专业合作社之间业务流程的融合和信息系统的互联互通，提高市场反应能力，建立鲜活农产品质量可追溯体系。

（四）培育农民专业合作社自有品牌

试点连锁超市要广泛宣传和大力支持农民专业合作社自有鲜活农产品品牌，向消费者提供质量安全可靠的农产品及加工制品，增强消费者对农民专业合作社鲜活农产品质量安全信心，促进农民专业合作社鲜活农产品销售规模的扩大。

（五）调整连锁超市商品经营结构

围绕扩大农民专业合作社鲜活农产品经营规模，适当调整连锁超市商品布局，增加鲜活农产品销售种类，扩大鲜活农产品经营面积，努力提高鲜活农产品销售比重。通过扩大农民专业合作社鲜活农产品经营规模，提高连锁商业企业市场竞争力。

（六）建立农超对接渠道

商务主管部门负责组织试点连锁超市、农业行政主管部门负责组织本辖区内产业基础牢、产品规模大、质量安全优、品牌效应好、农户成员多的优秀农民专业合作社，通过定期举办专场对接洽谈会、产品展示推介会等形式，为超市与合作社搭建对接平台，疏通对接渠道，由连锁超市与农民专业合作社签订购销合同。连锁超市要给予农民专业合作社市场信息、加工包装技术、运储以及价格等方面的支持服务和优惠。

五、鲜活农产品农超对接的政策保障

（一）加大政策扶持力度

落实农产品仓储设施建设用地按工业用地对待政策。鼓励地方政府安排相应资金，重点扶持发展鲜活农产品冷链系统建设，支持鲜活农产品“农超对接”经营。商务部和农业部扶持“农超对接”试点的具体政策商有关部门另行制定。

（二）拓宽投融资渠道

通过政策杠杆引导社会资金加大对鲜活农产品基础设施的投

入。鼓励各类大型连锁超市进入鲜活农产品流通领域，进行示范带动。协调金融机构对鲜活农产品“农超对接”予以信贷支持，对连锁商业企业和农民专业合作社申请贷款提供技术指导。

（三）培育农产品现代流通人才

扩大国际交流合作，继续举办农产品市场流通培训班，培训一批熟悉国际农产品流通先进经验的商务管理人才。加强连锁商业企业和农民专业合作社人才培训，编制符合企业和农民专业合作社发展要求的人才培训规划，培养适应农产品现代流通经营需求的管理人才，为加快鲜活农产品“农超对接”发展提供人才保障。

（四）加强组织落实工作

各地商务和农业部门要认真组织，精心部署试点工作。要加强与财政、国土、税务、金融等有关部门的沟通，出台配套政策措施，形成政策合力。根据本地实际情况，积极争取当地政府支持，帮助解决试点工作中遇到的实际问题，加快推动“农超对接”试点工作。在试点工作中如果遇到相关问题，可与商务部和农业部联系。

各试点单位要制定试点实施方案，报商务部（市场建设司）和农业部（经营管理司），并每半年书面报告一次进展情况；要积极探索实现“农超对接”的有效机制、模式和政策措施，不断创新思路解决试点过程中遇到的各种问题；要及时总结试点工作经验，以便更好地交流和推广。

第四节　农村商品交易合同

合同的内容由签合同的双方约定，一般包括以下条款：

一、当事人的名称或者姓名和住所

这是每一个合同必须具备的条款，当事人是合同的主体。合同中如果不写明当事人，谁与谁做交易都搞不清楚，就无法确定权利的享受和义务的承担，发生纠纷也难以解决，特别是在合同涉及多方当事人的时候更是如此。不仅要把应当规定的当事人都规定到合同中去，而且要把各方当事人名称或者姓名和住所都规定准确、清楚。

二、质量

对有形财产来说，质量是物理、化学、机械、生物等性质；对于无形财产、服务、工作成果来说，也有质量高低的问题，并有衡量的特定方法。对于有形财产而言，质量亦有外观形态问题。质量指标准、技术要求，包括性能、效用、工艺等，一般以品种、型号、规格、等级等体现出来。质量条款的重要性是毋庸赘言的，许许多多的合同纠纷由此引起。合同中应当对质量问题尽可能地规定细致、准确和清楚。国家有强制性标准规定的，必须按照规定的标准执行。如有其他质量标准的，应尽可能约定其适用的标准。当事人可以约定质量检验的方法、质量责任的期限和条件、对质量提出异议的条件与期限等。

三、数量

在大多数的合同中，数量是必备条款，没有数量，合同是不能成立的。许多合同，只要有了标的和数量，即使对其他内容没有规定，也不妨碍合同的成立与生效。因此，数量是合同的重要条款。对于有形财产，数量是对单位个数、体积、面积、长度、容积、重量等的计量；对于无形财产，数量是个数、件数、字数以及使用范围等多种量度方法；对于劳务。数量为劳动量；对于工作成果，数量是工作量及成果数量。一般而言，合同的数量要准确，选择使用共同接受的计量单位、计量方法和计量工具。根据不同情况，要求不同的精确度，允许的尾差、磅差、超欠幅度、自然耗损率等。

四、标的

标的是合同当事人的权利义务指向的对象。标的是合同成立的必要条件，是一切合同的必备条款。没有标的，合同不能成立，合同关系无法建立。合同的种类很多，合同的标的也多种多样。

（一）有形财产

有形财产指具有价值和使用价值并且法律允许流通的有形物。如依不同的分类有生产资料与生活资料、种类物与特定物、可分物与不可分物、货币与有价证券等。

（二）无形财产

无形财产指具有价值和使用价值并且法律允许流通的不以实物形态存在的智力成果。如商标、专利、著作权、技术等。

（三）劳务

劳务指不以有形财产体现其成果的劳动与服务。如运输合同中承运人的运输行为，保管与仓储合同中的保管行为，接受委托进行代理、居间、行纪行为等。

（四）工作成果

工作成果指在合同履行过程中产生的、体现履约行为的有形物或者无形物。如承揽合同中由承揽方完成的工作成果，建设工程合同中承包人完成的建设项目，技术开发合同中的委托开发合同的研究开发人完成的研究开发工作等。合同对标的的规定应当清楚明白、准确无误，对于名称、型号、规格、品种、等级、花色等都要约定得细致、准确、清楚，防止差错。特别是对于不易确定的无形财产、劳务、工作成果等更要尽可能地描述准确、明白。订立合同中还应当注意各种语言、方言以及习惯称谓的差异，避免不必要的麻烦和纠纷。

五、履行期限

履行期限是指合同中规定的当事人履行自己的义务如交付标的物、价款或者报酬，履行劳务、完成工作的时间界限。履行期限直接关系到合同义务完成的时间，涉及当事人的期限利益，也是确定合同是否按时履行或者迟延履行的客观依据。履行期限可以是即时履行的，也可以是定时履行的；可以是在一定期限内履行的，也可以是分期履行的。不同的合同，对履行期限的要求是不同的，期限可以以小时计，可以以天计，可以以月计，可以以生产周期、季节计，也可以以年计。期限可以是非常精确的，也可以是不十分确定的。不同的合同，其履行期限的具体含义是不同的。买卖合同中卖方的履行期限是指交货的日期，买方的履行期限是交款日期。运输合同中承运人的履行期限是指从起运到目的地卸载的时间，工程建设合同中承包方的履行期限是从开工到竣工的时间。正因如此，期限条款还是应当尽量明确、具体，或者明确规定计算期限的方法。

六、价款或者报酬

价款或者报酬，是一方当事人向对方当事人所付代价的货币支付。价款一般指对提供财产的当事人支付的货币，如在买卖合同的货款、租赁合同的租金、借款合同中借款人向贷款人支付的本金和利息等。报酬一般是指对提供劳务或者工作成果的当事人支付的货币，如运输合同中的运费、保管合同与仓储合同中的保管费以及建设工程合同中的勘察费、设计费和工程款等。如果有政府定价和政府指导价的，要按照规定执行。价格应当在合同中规定清楚或者明确规定计算价款或者报酬的方法。有些合同比较复杂，货款、运费、保险费、保管费、装卸费、报关费以及一切其他可能支出的费用，由谁支付都要规定清楚。

七、履行地点和方式

履行地点是指当事人履行合同义务和对方当事人接受履行的地点。不同的合同，履行地点有不同的特点。如买卖合同中，买方提货的，在提货地履行；卖方送货的，在买方收货地履行。在工程建设合同中，在建设项目所在地履行。运输合同中，从起运地运输到目的地为履行地点。履行地点有时是确定运费由谁负担、风险由谁承担以及所有权是否转移、何时转移的依据。履行地点也是在发生纠纷后确定由哪一地法院管辖的依据。因此，履行地点在合同中应当规定得明确、具体。

履行方式是指当事人履行合同义务的具体做法。不同的合同，决定了履行方式的差异。买卖合同是交付标的物，而承揽合同是交付工作成果。履行可以是一次性的，也可以是在一定时期内的，也可以是分期、分批的。运输合同按照运输方式的不同可以分为公路、铁路、海上、航空等方式。履行方式还包括价款或者报酬的支付方式、结算方式等，如现金结算、转账结算、同城转账结算、异地转账结算、托收承付、支票结算、委托付款、限额支票、信用证、汇兑结算、委托收款等。履行方式与当事人的利益密切相关，应当从方便、快捷和防止欺诈等方面考虑采取最为适当的履行方式，并且在合同中应当明确规定。

八、违约责任

违约责任是指当事人一方或者双方不履行合同或者不适当履行合同，依照法律的规定或者按照当事人的约定应当承担的法律责任。违约责任是促使当事人履行合同义务，使对方免受或少受损失的法律措施，也是保证合同履行的主要条款。违约责任在合同中非常重要，因此一般有关合同的法律对于违约责任都已经作出较为详尽的规定。但法律的规定是原则的，即使细致也不可能面面俱到，照顾到各种合同的特殊情况。因此，当事人为了特殊的需要，为了保证合同义务严格按照约定履行，为了更加及时地解决合同纠纷，可以在合同中约定违约责任，如约定定金、违约金、赔偿金额以及赔偿金的计算方法等。

九、解决争议的方法

解决争议的方法指合同争议的解决途径，对合同条款发生争议时的解释以及法律适用等。解决争议的途径主要有：一是双方通过协商和解，二是由第三人进行调解，三是通过仲裁解决，四是通过诉讼解决。当事人可以约定解决争议的方法，如果意图通过诉讼解决争议是不用进行约定的，通过其他途径解决都要事先或者事后约定。依照仲裁法的规定，如果选择适用仲裁解决争议，除非当事人的约定无效，即排除法院对其争议的管辖。但是，如果仲裁裁决有问题，可以依法申请法院撤销仲裁裁决或者申请法院不予执行。当事人选择和解、调解方式解决争议，都不能排除法院的管辖，当事人可以提起诉讼。

所有贷款应当由贷款人与借款人签订借款合同。借款合同应当约定借款种类，借款用途、金额、利率，借款期限，还款方式，借、贷双方的权利、义务，违约责任和双方认为需要约定的其他事项。

附：北京市种养产品收购合同

（北京市工商行政管理局　北京市农业局监制）

提示：种养方应事先就产品种养及收购条件、要求的合理性向农业技术指导部门咨询，并认真分析将来可能面临的市场风险，理性判断，慎重签约。

种养方（甲方）：

收购方（乙方）：

根据《中华人民共和国合同法》及其他有关法律法规的规定，甲乙双方在平等、自愿、公平、诚实信用的基础上，就种养产品收购的有关事宜达成如下协议。

第一条　产品基本要求：

产品名称品种规格产地等级单位数量价格/保护价交（提）货时间及数量合计。

第二条　质量要求：

内在质量：蔬菜、水果、畜禽肉、水产品应符合 GB18406－2001《农产品安全质量》标准提出的无公害要求；粮食作物应达到相应的国家标准。

其他要求为外观质量要求。

第三条　种苗提供方式为□甲方自备；□乙方提供，提供种苗的数量、时间和方式为：______________________________。种苗应满足的条件为：____。对种苗验收的方式为：____。种苗价格为____元/____单位，合计：____元，种苗价款结算方式为：____甲方于____年____月____日前一次付清；于交货时抵扣收购款。

第四条　收购保证金：乙方是/否在____年____月____日前向甲方支付收购保证金____元。交货时保证金应（抵作收购款或返还乙方）。保证金支付后，因乙方违约解除合同的，保证金不予退还；因甲方违约解除合同的，甲方应双倍返还保证金。

第五条　种养具体要求及乙方的技术指导与培训：______。

第六条　包装标准及费用承担。

第七条　超欠幅度损耗及计算方法：__________。

第八条　交（提）货方式：________；地点：________；运输方式及费用承担：____________。

第九条　检验方法：________；检验时间：________；检验地点：________。

其中鲜活产品的外观检验应由双方在种养地共同进行；其内在质量检验由双方抽样封存后在________日内进行，检验单位及费承担：________。

第十条　检疫单位、地点、标准、方法及费用承担：______。

第十一条　结算方式及期限：__________。

双方约定保护价的，当交货时市场收购价格低于保护价时，以保护价为准；市场收购价格高于保护价时，双方可协商上调价格。

第十二条　违约责任：

1. 甲方迟延交货或乙方迟延支付收购款的，应当每日按照迟延部分价款____%的标准向对方支付违约金。

2. 甲方交付的产品不符合约定要求的，乙方有权要求补足、换货或退货，由此发生的费用由甲方承担；但乙方应在____日内书面通知甲方，否则甲方有权拒绝乙方的要求。

3. 甲方将产品或乙方提供的种苗擅自转让或变卖的，应按照该部分产品或种苗市场价格的____%向乙方支付违约金。

4. 乙方提供的种苗、技术指导培训或提出的种养要求存在差误等问题的，应承担由此给甲方造成的损失。

5. 乙方未按约定收购符合要求的产品的，应承担由此给甲方造成的损失。

第十三条　因发生自然灾害、重大疫情等不可抗力的，经核实可全部或部分免除责任，但应当及时通知对方，并在合理期限内提供证明。

第十四条　合同解除条件：____________。

第十五条　争议解决方式：本合同项下发生的争议，由当事人双方协商或申请有关部门调解解决；协商或调解解决不成的，依法向人民法院提起诉讼，或按照另行达成的仲裁条款或仲裁协议申请仲裁。

第十六条　种养产品属于受国家法律保护的动植物品种的，双方应在签约前到当地有关部门办理咨询登记等手续。对于产品质量要求、种养基本要求及乙方技术指导与培训等内容，双方也可另附附件详细约定，并作为本合同的组成部分。

第十七条　本合同自双方签字盖章之日起生效。本合同一式____份，甲方____份，乙方____份，具有同等法律效力。

第十八条　其他约定事项：____________。

种养方（签章）：

收购方（签章）：

甲方住所：

乙方住所：

甲方法定代表人：　　　　乙方法定代表人：

甲方委托代理人：　　　　乙方委托代理人：

甲方电话：　　　　乙方电话：

签订时间：　　　　　　　　　　签订地点：

附：蔬菜约定种植收购合同

×××农产品有限公司蔬菜种植收购合同

甲方：×××农产品有限公司

乙方：

住____县____镇（乡）____村____自然村

为促进订单农业的生产，确保双方当事人的合法权益，经双方充分协商，特订立本合同，以便双方共同遵守。

第一条　种植的产品的名称、面积。

乙方负责种植：（品名）____面积____亩，（品名）____面积____亩，（品名）____面积____亩，（品名）____面积____亩，（品名）____面积____亩。

第二条　种子（苗）由甲方提供。种子（苗）款由乙方在该种产品首次出售时向甲方支付，具体价格约定如下：（品名）____每公斤____元，（品名）____每公斤____元，（品名）____每公斤____元，（品名）____每公斤____元，（品名）____每公斤____元。

第三条　种植技术指导和产品质量标准及产品收购。

（一）甲方无偿负责种植技术培训和指导，乙方必须按甲方的技术要求种植，否则造成的损失由乙方自负。

（二）产品质量标准：

（三）产品收购：甲方按产品质量标准收购，不合格产品不予收购或议价收购。

第四条　产品价格，货款结算。

（一）产品的价格实行最低保护价。具体价格约定：（品名）____每公斤____元，（品名）____每公斤____元，（品名）____每公斤____元，（品名）____每公斤____元，（品名）____每公斤____元，市场价格上浮时，甲方优先随行就市收购。

（二）货款结算：对村民、专业户、个体经营户一般采取现金结算，钱货两清。经乙方同意也可采用银行结算方式。

第五条 收购地点、期限：

收购地点：____，收购期限自____年____月____日至____年____月____日止。

第六条 甲方违约责任。

（一）甲方未按合同收购或在合同期中退货的，应按未收或退货部分货款总值的____%（5%～25%的幅度），向乙方支付违约金。

（二）甲方如需提前收购，要商得乙方同意，甲方应给乙方提前收购货款总值的____%的补偿，甲方因特殊原因必须逾期收购的，应按中国人民银行延期付款的规定支付违约金，并承担乙方在此期间所支付的有关费用。

（三）乙方按合同规定交货，甲方无正当理由拒收的，除按拒收部分货款总值的____%（5%～25%的幅度）向乙方偿付违约金外，还应承担乙方因此而造成的实际损失和费用。

第七条 乙方的违约责任。

（一）乙方不按合同的约定，不种或改种其他品种或少种合同约定品种的面积，应承担差额部分____%的违约金。

（二）乙方在产品收获时，自行出售或不肯出售的，应承担自行出售部分或不肯出售部分____%的违约金。

（三）乙方由于自身的原因造成蔬菜腐烂变质的，甲方可以拒收，其损失由乙方自负。

第八条　不可抗力。

合同履行期内，如发生自然灾害或其他不可抗力的原因，致使当事人一方不能履行或不能完全履行或不能适当履行合同的，应向对方当事人通报理由，经有关主管部门证实后，不负违约责任，并允许变更或解除合同。

第九条　合同争议的解决方式。

（一）本合同在履行过程中发生的争议，由双方当事人协商解决；

（二）协商不成时，提交有关行政主管部门调解或直接向人民法院起诉。

第十条　其他。

当事人一方要求变更或解除合同的，应提前通知对方，另一方应在接到变更或解除合同通知书之日起七天之内作出答复，逾期不答复的，视为默认。

违约金、赔偿金应在有关部门确定责任后十天内支付，否则按逾期付款处理。

本合同如有未尽事宜，须经双方协商，作出补充规定，补充规定与本合同具有同等效力。

本合同正本一式贰份，甲乙双方各执一份，副本若干份，报工商部门一份，________一份，________一份。

甲方：×××农产品有限公司　　　　　　（盖章）

法定代表人（签字）：

乙方（签字）：

合同订立日期　　　　　　　　　　　年　月　日

《农民实用知识读本》系列丛书

书　号	书　名	定　价
F·1470	怎样利用国家对“三农”的优惠政策	15.00
F·1453	怎样领取国家财政给农民的各种补贴	15.00
F·1463	怎样利用农村小额贷款	15.00
F·1471	如何参加农民养老、医疗、救助等社会保障	15.00
F·1451	农民经营注意事项	15.00
F·1421	农村产权问答	15.00
D·0069	农村妇女儿童如何保护自己的权益	15.00
F·1468	农村土地流转应注意的问题	15.00
F·1420	做一名合格的餐厅服务员	15.00
F·1417	做一名合格的前厅服务员	15.00
F·1419	做一名合格的客房服务员	15.00
R·0011	做一名合格的养老护理员	15.00
G·0033	做一名合格的育婴员	15.00
G·0031	做一名合格的保育员	15.00
TS·0009	做一名合格的保洁员	15.00
F·1467	做一名合格的家政服务员	15.00
D·0067	做一名合格的保安	15.00
R·0013	做一名合格的护工	15.00
F·1422	做一名合格的营业员	15.00

书　号	书　　　名	定　价
F·1423	做一名合格的收银员	15.00
R·0012	做一名合格的营养配餐员	15.00
R·0010	做一名合格的验光配镜员	15.00
F·1416	做一名合格的仓储保管运输员	15.00
S·0010	做一名合格的洗染织补员	15.00
F·1433	如何回收挑选和加工废旧物资	15.00
F·1418	烟花爆竹营销注意事项	15.00
TS·0012	如何加工茶叶	15.00
TS·0016	如何进行蜂产品加工和检验	15.00
TS·0013	如何进行蔬菜加工	15.00
TS·0015	如何进行果品加工	15.00
TS·0020	如何进行野生植物原料加工	15.00
S·0018	如何给庄稼"看病"	15.00
TS·0011	茶叶与茶艺	15.00
F·1472	农村商品收购注意事项	15.00
S·0020	如何进行农业专用机械操作	15.00
TS·0019	如何进行水产品原料处理	15.00
S·0019	如何做一名护林员	15.00
TS·0018	如何进行棉花的加工	15.00
TS·0017	如何进行剑麻的加工	15.00
TQ·0001	如何进行天然橡胶的加工	15.00
TS·0014	如何进行竹、藤、麻、棕、革制品的加工	15.00
S·0021	如何做好动物疫病防治	15.00